2023 年辽宁省社会科学规划基金项目 L23.
"新媒体时代马克思主义基本原理向中华优秀传统文化相结合的
传播价值及路径研究"

价值及路径：中华优秀传统文化
当代传播研究

姜　华　颜智超／著

沈阳出版发行集团

沈阳出版社

图书在版编目（CIP）数据

价值及路径：中华优秀传统文化当代传播研究 / 姜华，颜智超著 . -- 沈阳：沈阳出版社，2024.5
ISBN 978-7-5716-3993-8

Ⅰ . ①价…　Ⅱ . ①姜…　②颜…　Ⅲ . ①中华文化—文化传播–研究 Ⅳ . ① G125

中国国家版本馆CIP数据核字（2024）第101071号

出版发行：沈阳出版发行集团 | 沈阳出版社
　　　　　（地址：沈阳市沈河区南翰林路 10 号　邮编：110011）
网　　址：http://www.sycbs.com
印　　刷：天津光之彩印刷有限公司
幅面尺寸：145mm×210mm
印　　张：6.5
字　　数：150 千字
出版时间：2024 年 5 月第 1 版
印刷时间：2024 年 5 月第 1 次印刷
责任编辑：李　赫
装帧设计：一诺设计
责任校对：王冬梅
责任监印：杨　旭
书　　号：ISBN 978-7-5716-3993-8
定　　价：48.00 元

联系电话：024-24112447　　　024-62564978
E-mail：sy24112447@163.com

前　言

中华优秀传统文化是中华民族的精神命脉，是涵养社会主义核心价值观的重要源泉，也是我们在世界文化激荡中站稳脚跟的坚实根基。增强文化自觉和文化自信，是坚定道路自信、理论自信、制度自信的题中应有之义。

习近平总书记高度重视中华优秀传统文化，将之与马克思主义中国化时代化这个重大命题结为一体。习近平总书记在主持二十届中共中央政治局第六次集体学习时强调："我们决不能抛弃马克思主义这个魂脉，决不能抛弃中华优秀传统文化这个根脉。坚守好这个魂和根，是理论创新的基础和前提。"①

---

① 《习近平在中共中央政治局第六次集体学习时强调不断深化对党的理论创新的规律性认识在新时代新征程上取得更为丰硕的理论创新成果》，《人民日报》2023 年 7 月 2 日（1）。

在庆祝中国共产党成立 100 周年大会上的重要讲话中，习近平总书记深刻总结党一百年来的宝贵经验，提出了"坚持把马克思主义基本原理同中国具体实际相结合、同中华优秀传统文化相结合"①的重大论断。在文化传承发展座谈会上的重要讲话中，习近平总书记强调："在五千多年中华文明深厚基础上开辟和发展中国特色社会主义，把马克思主义基本原理同中国具体实际、同中华优秀传统文化相结合是必由之路"。"中国式现代化赋予中华文明以现代力量，中华文明赋予中国式现代化以深厚底蕴"。②

为此，我们必须认识到：要实现中华民族伟大复兴，就需要重视和做好中华优秀传统文化当代传播，要坚持把马克思主义同中华优秀传统文化相结合，不断铸就中华文化新辉煌，为我们战胜前进道路上的各种艰难险阻提供强大的精神动力。

中华优秀传统文化与马克思主义能够"结合"的前提是彼

---

① 习近平：《在庆祝中国共产党成立 100 周年大会上的讲话》，《人民日报》2021 年 7 月 2 日（2）。

②《习近平在文化传承发展座谈会上强调担负起新的文化使命努力建设中华民族现代文明》，《人民日报》，2023 年 6 月 3 日（1）。

此契合。相互契合才能有机结合。放眼历史的长时空可以发现，马克思主义和中华优秀传统文化的结合，为中国革命、建设、改革提供了强大思想武器，使中国这个古老的东方大国创造了人类历史上前所未有的发展奇迹。正如党的二十大报告指出的，"中华优秀传统文化源远流长、博大精深，是中华文明的智慧结晶，其中蕴含的天下为公、民为邦本、为政以德、革故鼎新、任人唯贤、天人合一、自强不息、厚德载物、讲信修睦、亲仁善邻等，是中国人民在长期生产生活中积累的宇宙观、天下观、社会观、道德观的重要体现，同科学社会主义价值观主张具有高度契合性"①。这种契合奠定了中华优秀传统文化当代传播的深刻内在动力与文化基础。

---

① 习近平：《高举中国特色社会主义伟大旗帜为全面建设社会主义现代化国家而团结奋斗——在中国共产党第二十次全国代表大会上的报告》，人民出版社，2022年，第18页。

目 录
contents

第一章

中华优秀传统文化当代传播基础

马克思主义自诞生之日起，就广泛地吸收了全人类思想精华，是属于全人类的共同智慧。马克思主义是人类思想发展与交往的产物，其中也包含了中华优秀传统文化。马克思所撰写的《中国革命和欧洲革命》等有关我国的论文，就曾吸纳中华优秀传统文化分析当时中国革命情况。马克思主义的基本立场、观点与方式，与中华优秀传统文化有许多契合之处。例如，马克思主义坚持人民立场，以人的自由全面发展为目标。中国古代思想家提出了民本思想。孟子说："民为贵，社稷次之，君为轻。"① 马克思主义认为世界统一于物质，我国古代哲学中

---

① 朱熹：《四书章句集注》，中华书局，1983 年，第 211 页。

有唯物主义的思想传统。马克思主义传入我国以来，在同我国实际相结合的过程中，与中华优秀传统文化同声相应。要做好中华优秀传统文化当代传播，必须坚持马克思主义基本原理，深刻剖析和挖掘二者的契合之处。

一、天下为公与共产主义社会

中华优秀文化源远流长、博大精深，其中蕴含的价值观、道德观和行为准则，对当今社会依然具有深远的影响。马克思主义作为无产阶级革命和建设的理论体系，其科学性和普适性也在全球范围内得到了广泛的验证。在这两种文化的交会点上，"天下为公"的理念，无疑是其中最闪耀的明珠。

马克思、恩格斯所设想的共产主义社会和中华传统文化中的"大同社会"高度相似。先秦时期《礼记》就提出"大同"这一概念，与马克思主义理想的共产主义社会具有相似性和一致性。百年来在马克思主义的指导下，中国共产党已经找到了通往大同社会的道路，带领中国人民向着共同富裕的目标前进。

大同社会的论述提出于西汉时期的经文典籍《礼记·礼运》篇，原文为："大道之行也，天下为公。选贤与能，讲信修睦。故人不独亲其亲，不独子其子，使老有所终，壮有所用，幼有所长，鳏、寡、孤、独、废疾者皆有所养，男有分，女有归。货恶其弃于地也，不必藏于己；力恶其不出于身也，不必为己。是故谋闭而不兴，盗窃乱贼而不作，故外户而不闭，是谓大同。"[①]这里的大同社会被描绘为一个公平、平等、和谐，人人各得其所、各安其位的理想社会。这一思想深深植根于儒家对于道德、伦理和社会的理解，强调人与人之间的互助互爱以及社会的公平正义。

大同社会思想和与马克思主义的共产主义社会辩证融合。它们都是理想的社会形态，旨在实现人类社会的公正、平等与和谐。它们都强调集体主义和共同利益，反对个人主义和私有财产。它们都追求一种无阶级、无贫富差距的社会，旨在消除社会不平等和剥削现象。在共产主义社会中，人们享有高度的

---

① （西汉）戴圣编、刘小沙译：《礼记》，北京联合出版公司，2015年，第120页。

物质和精神生活水平，每个人都有平等的机会和权利。人们之间的财富和资源分配是公平的，不存在贫富差距和阶级分化。人们团结互助、共同劳动，实现共同富裕。尽管这两个社会形态在不同的历史背景下形成，但它们都反映了人类对美好社会的向往和追求。

随着中华民族和中国社会历史发展进程对马克思列宁主义的选择，共产主义远大理想和大同社会思想在中国的融合进入了一个新时代。二者的辩证融合即是儒家传统—共产主义文明新形态——人类命运共同体。共产主义和大同社会两种思想的交流融合，就像大海奔流一样不会停止，磅礴恣肆。

（一）价值观上契合

"天下为公"强调的是以公为先、以民为本，这与马克思主义的群众史观有异曲同工之妙。两者都认为，社会的进步和发展离不开人民群众的参与和推动。"天下为公"是一种深远的理念，它强调实现社会的公正和平等、促进人民的福祉。"天下为公"的理念源于中国古代的儒家思想，强调的是社会公正、平等，以及个体对公共福祉的责任。这一理念在中国的历史长河中，经历了多次政治、社会变革，始终保持着强大的生命力。在当代社会，这一理念仍然是构建和谐社会，实现公正、公平、共享发展的重要指导思想。"天下为公"的理念不仅是一种历史传承，更是一种对现代社会的深刻反思。在全球化、信息化、多元化的今天，我们更需要强调以公为先、以民为本，推动社会的公正和平等，实现人民的福祉。特别是在一些社会问题凸显的当下，我们需要更深入地贯彻"天下为公"的理念，从教育、政策、社会组织参与和社会监督等方面入手，推动这一理念的实践。

马克思主义的群众史观是马克思主义理论的重要组成部分，它强调人民群众是历史的创造者，是社会发展的决定性力量。马克思主义的群众史观是在对传统历史观的批判中形成的。传统历史观将历史看作是少数英雄人物推动的，人民群众只扮演着被动的角色。而马克思主义指出，历史是由人民群众的实践活动所创造的，每一个人都参与了历史的创造，只是角色和作用不同。马克思主义的群众史观主要包括以下三个基本观点：一是人民群众是历史的创造者，他们的生产活动和社会实践是社会发展的根本动力；二是人民群众的权益是历史发展的根本标准，我们要重视人民群众的意愿，维护他们的权益；三是人民群众是社会变革的决定性力量，我们要依靠人民群众的力量推动社会变革。

马克思主义的群众史观在现实中具有广泛的应用价值，它为我们的治国理政提供了重要的思想指导。它有助于我们理解社会矛盾和问题。我们要坚持人民至上，尊重人民群众的主体地位，发挥他们的创造力。只有关注人民群众的需求和利益，才能找到解决问题的正确方法。

中华优秀传统文化观与马克思主义都认为社会的发展与进步，离不开广大人民群众的参与和推动。人民的力量如同涓涓细流，汇集成推动社会进步的强大洪流。人民群众是社会进步的主要推动力，在历史的长河中，每一次社会的重大变革，都离不开人民群众的参与。他们通过创新、实践和分享知识，推动着社会的进步。这种力量不仅仅体现在物质层面，更体现在精神层面，如文化、艺术、科学等领域的创新和发展。人民群众的参与更是公平社会的基石，公平社会的建立，离不开人民群众的广泛参与和民主决策。只有当每个人都能够参与到社会决策的过程中，才能确保社会的公正和公平。

（二）道德观上共通

"天下为公"强调的是无私奉献、勤劳节俭，这与马克思主义所倡导的共产主义道德有很高的契合度。两者都强调了人的道德修养和社会责任。

中国传统文化的"天下为公"，以追求一个公正、平等的世界为理想。这一理念在我们的文化中深深扎根，成为我们民族精神的重要组成部分。天下为公是一种超越个人利益，以公义为先的精神。它倡导我们超越自我，关注社会，关注他人，关注我们的国家乃至整个世界。行动应以公正、平等为准则，无论贫富，无论种族，无论地位，都应享有同等的权利和机会。这种精神鼓励我们以无私的态度去对待他人，去贡献我们的力量。"天下为公"的精神体现在勤劳节俭中。勤劳是中华民族的传统美德，它要求我们通过自己的努力去创造价值、去实现目标。不依赖他人的施舍，不坐享其成，通过自己的双手创造真正的财富。节俭是对勤劳成果的尊重和保护，是对资源的珍视和节约。节俭不仅是对个人的要求，更是对社会的责任。"天下为公"的理念还要求具有担当精神。无论在个人生活还是社会生活中，都要勇于承担责任、敢于面对困难。

马克思主义强调人类社会的发展和进步必须建立在无私奉献的基础上。马克思主义认为，无私奉献是实现社会公正和公平的必要条件。在资本主义社会中，财富和资源的分配是不平等的，许多人生活在贫困和苦难之中。为了改变这种状况，人们应该为弱势群体提供帮助和支持。只有这样，才能实现社会的公正和公平。无私奉献是建立和谐社会的基石。一个和谐的社会需要人与人之间的相互尊重、关爱和支持。只有当人们愿意为他人和社会作出贡献时，才能建立起一个充满爱和关怀的社会。无私奉献也是个人成长和发展的必要条件。通过为他人和社会作出贡献，人们可以获得一种成就感、满足感和自我实现的感觉。这种体验能够激发人们的潜能和创造力，促进个人成长和发展，实现社会的公正和公平。

此外，"天下为公"不仅是一种理念，更是一种行动准则。

它要求人们以大局为重，以公共利益为先，这与马克思主义所倡导的无产阶级革命斗争的行为准则有很高的相似性。因此，"天下为公"这一理念与马克思主义在价值观、道德观和行为准则上都有很高的契合度。这种契合不仅体现在理论层面，更体现在实践层面。在当今社会，我们需要继承和传播"天下为公"这一优秀传统文化，将其融入到我们的生活中、工作中，以实现社会的公正、公平与和谐。通过长期的努力和实践，让"天下为公"理念成为全社会共同认可和遵循的文化价值观，浸润人心。

二、"天人合一"与唯物主义

（一）天人合一

党的二十大报告指出："中华优秀传统文化源远流长、博大精深，是中华民族的智慧结晶，其中蕴含的天下为公、民为邦本、为政以德、革故鼎新、任人唯贤、天人合一、自强不息、厚德载物、讲信修睦、亲仁善邻等，是中国人民在长期生产生活中所累积的宇宙观、世界观、社会观、道德观的重要体现，同科学社会主义价值观主张具有高度契合性。"[1]其中,"天人合一"是中华文明的核心命题,是中华优秀传统文化的根基和枢纽,也代表着传统中国人的宇宙观、自然观、世界观和存在方式。

中华文明中的"天"有四个方面的含义。首先,"天"代表自然界,是宇宙万物的主宰,是天地万物产生、发展和变化的根源。在古代,人们认为天是宇宙的最高主宰,是万物之母,是所有生命的起源和归宿。其次,"天"代表天道,即自然规律。人们认为天道是公正无私的,一切事物都有其自身的规律和命运,不可违背。因此,人们尊重自然规律,遵循自然规律,以求得和谐发展。再次,"天"代表着上天的意志和旨意。在古代,人们认为天子或皇帝代表了天的意志和旨意,是人间秩序的最高制定者和维护者。因此,人们需要尊重并服从上天的意志和旨意,以求得社会秩序的稳定与和谐。最后,"天"代表着中

---

① 习近平:《高举中国特色社会主义伟大旗帜 为全面建设社会主义现代化国家而团结奋斗——在中国共产党第二十次全国代表大会上的报告》,人民出版社,2022年,第18页。

华民族的道德规范和价值观。在中华文明中，"天"代表着至善、至道、至德的最高境界，代表着中华民族的道德规范和价值观。人们认为只有遵循天道、尊重自然、追求至善至道的人，才能成为真正的君子和大丈夫。这些含义相互关联、相互影响，共同构成了中华文明的核心价值理念和道德规范。

"天人合一"是中华文明中的一个重要理念，它强调人与自然之间的和谐关系。在中华文化中，"天"通常被理解为自然规律和宇宙秩序，"人"则代表人类社会和人类行为。因此，"天人合一"理念就是指人类应该顺应自然规律，与自然和谐相处，以达到人与自然的和谐统一。中华文明认为，自然界是宇宙中最基本的存在，人类应该尊重自然规律、保护生态环境。在古代，人们认为自然界是有生命的，具有自己的意志和智慧，因此人类应该尊重自然界的规律，与自然界和谐相处。"天人合一"理念还强调人类应该顺应自然规律，与自然和谐相处。中华文明认为自然界的变化是有规律的，人类应该顺应这些规律，而不是试图改变它们。这种理念不仅具有深远的历史意义，在现代社会也具有重要的现实意义。我们应该坚持这种理念，并将其贯穿于现代社会实践中。

"天人合一"理念深刻地塑造了中华民族的民族心理和文明特质，塑造了一种强烈的生态意识——敬畏生命与自然。这种敬畏，达成人与自然和谐共生的高超智慧。"天人合一"理念为中华文明的绵延和繁荣提供了稳固的生态基础。在人类历史的长河中，许多文明古国曾繁荣一时，但最终却因生态环境遭受破坏而失去了自己的家园，走向衰落。比如古埃及这个曾经的金字塔之国，以其壮观的尼罗河文明闻名于世。然而，过度开发和不合理的农业实践导致尼罗河下游生态环境恶化、土地贫瘠、水源枯竭，这使得埃及的农业生产能力大幅下降，社会经济基础受到严重削弱。古巴比伦也是如此。它的辉煌源于美索不达米亚平原的灌溉农业。然而，过度灌溉导致土地盐碱化，生态环境恶化，河流泛滥，洪涝灾害频繁发生，给人民带来了无尽的痛苦和困扰。这使得古巴比伦的社会秩序受到严重冲击。同样遭受生态环境破坏的还有古印度文明。由于森林遭到大面积砍伐，导致气候变化无常，农业产量大幅下降。再加上频繁的战争和外来侵略，印度文明的发展受到了严重的阻碍。

不仅如此，环境污染和过度捕捞也导致海洋生态系统的崩溃，对沿海地区的经济和社会产生了深远的影响。而我们国家今天的繁荣和稳定得益于我们对环境保护和可持续发展的重视，得益于我们的"天人合一"理念，因此中华文明成为唯一一个不曾中断和湮灭的古文明。

习近平总书记十分重视"天人合一"这一中华文明的基本理念。2014 年 5 月，习近平主席在中国国际友好大会暨中国人民对外友好协会成立 60 周年纪念活动的重要讲话中指出："中华文化崇尚和谐，中国'和'文化源远流长，蕴涵着天人合一的宇宙观、协和万邦的国际观、和而不同的社会观、人心和善的道德观。"①2015 年 11 月，习近平主席在气候变化巴黎会议开幕式上的重要讲话中指出："'万物各得其和以生，各得其养以成。'中华文明历来强调天人合一、尊重自然。"②2021 年 4 月，习近平主席在领导人气候峰会上讲话指出："中华文

---

① 习近平：《在中国国际友好大会暨中国人民对外友好协会成立 60 周年纪念活动上的讲话》，《人民日报》2014 年 5 月 16 日（2）。
② 习近平：《携手构建合作共赢、公平合理气候变化治理机制——在气候变化巴黎大会开幕式上的讲话》，新华网 2015 年 12 月 1 日。

明历来崇尚天人合一、道法自然，追求人与自然和谐共生。"①

习近平总书记对"天人合一"的重视，可谓一以贯之。习近平

生态文明思想吸收了"道法自然""参赞化育""万物一体"

的生态智慧，并继承和发扬了马克思主义生态思想，为当今世

界构建人与自然和谐共生的生态文明，提供了巨大的理论资源。

"天人合一"这一中华先民的古老智慧，也被赋予了与时俱进

的新内涵，成为推动中国式现代化、实现中华民族伟大复兴的

重要精神源泉。

（二）"天人合一"和唯物主义的内在统一

马克思主义强调物质是世界的本原，物质的运动和变化是

客观存在的规律。"天人合一"强调人与自然、社会、宇宙之

间的和谐统一，认为人类应该顺应自然规律，与自然和谐相处。

两者存在着密切的联系和一致性。

首先，马克思主义强调物质是世界的本原，这与"天人合一"

---

① 习近平：《共同构建人与自然生命共同体——在"领导人气候

峰会"上的讲话》，《人民日报》2021 年 4 月 23 日（2）。

的思想不谋而合。在"天人合一"理念中，人类与自然之间的关系被视为一体，人类应该尊重自然、顺应自然，而不是试图征服自然。这种思想与马克思主义所强调的物质决定意识、自然规律不可违背的观点是一致的。其次，马克思主义强调实践是检验真理的唯一标准，而"天人合一"理念也强调人与自然的互动关系。在"天人合一"理念中，人类应该通过实践来认识自然、理解自然，从而更好地与自然和谐相处。这种思想与马克思主义所强调的实践是检验真理的唯一标准是一致的。最后，马克思主义强调社会发展的客观规律，而"天人合一"理念也强调人类社会应该遵循一定的规律。在"天人合一"理念中，人类应该尊重社会规律，通过合理的制度安排来促进人与自然的和谐发展。这种思想与马克思主义所强调的社会发展规律是一致的。

唯物主义思想作为一种哲学思潮，贯穿于中华优秀传统文化的各个领域，在中国传统文化中有着重大的历史地位与现实意义。首先，中华优秀传统文化中的唯物主义思想体现在对物质世界的认识和理解上。古人认为，物质世界是由各种自然元素组成的，这些元素之间相互作用、相互转化。因此，他们注重观察自然现象，总结出许多关于物质运动的规律和法则。例如，古代的医学家通过观察人体的生理结构，提出了"五脏六腑"等理论，强调了人体内部各器官之间的相互作用和相互依存。此外，古代哲学家也注重观察天地之间的变化，提出了"天人合一"理念，强调人与自然间和谐共存。其次，在中华优秀传统文化中的唯物主义思想体现在对人类社会的认识和理解上。古人认为，人类社会是由各种社会关系和行为规范构成的，这些关系和规范是由物质利益和物质需求所决定的。因此，他们注重探究社会现象的本质，总结出许多关于人类社会运行和发展的规律。例如，法家学派主张以法治国，强调法律的重要性，认为法律是维护社会秩序和公平正义的重要手段。儒家学派注重研究人与人之间的关系，提出了"仁"等理念，强调人与人之间的相互依存和互助互济。

习近平总书记高屋建瓴地指出："历史唯物主义作为马克思主义哲学的重要组成部分，是关于人类社会发展一般规律的科学。在革命、建设、改革各个历史时期，我们党运用历史唯物主义，系统、具体、历史地分析中国社会运动及其发展规律，在认识世界和改造世界过程中不断把握规律、积极运用规律，推动党和人民事业取得了一个又一个胜利。毛泽东同志提出的以农村包围城市、武装夺取政权的道路，我们党带领人民进行艰辛的社会主义建设探索，新的历史时期我们党科学分析我国社会主要矛盾、果断决定把党和国家工作中心转移到经济建设上来、实行改革开放，都是正确运用历史唯物主义的结果。"历史和现实都表明，只有坚持历史唯物主义，我们才能不断把对中国特色社会主义规律的认识提高到新的水平，不断开辟当代中国马克思主义发展新境界。"①

三、"民为邦本"与人民创造历史

（一）民为邦本

中国传统民本思想源远流长。"民本"一词出自《尚书·夏书·五子之歌》："皇祖有训，民可近，不可下，民惟邦本，

---

① 习近平：《坚持历史唯物主义不断开辟当代中国马克思主义发展新境界》，《求是》2020年第2期，第5页。

本固邦宁。"这表明当时的统治者已经意识到民众对于政权稳定的重要性。"民为邦本"思想下，人民被视为国家的基石，是社会进步和发展的动力。国家的繁荣和稳定离不开人民的勤劳和智慧。"民为邦本"思想也强调政府的责任。政府应该以人民为中心，为人民服务。政府应该倾听人民的声音，了解他们的需求，制定符合人民利益的政策。"民为邦本"思想还强调社会和谐，认为和谐是实现国家繁荣和稳定的重要条件，政府应该倡导和谐的理念，促进社会各阶层之间的交流和理解。同时，政府还应该关注弱势群体，为他们提供帮助和支持，让社会更加公平和包容。这种思想在中国历史上有着深远的影响，它鼓励关注民生，尊重人民的价值，推动社会的进步和发展。

（二）人民创造历史

马克思主义也认为，人民群众是历史的主体，是历史的创造者。马克思主义的人民观是以人民为核心的思想体系，它强调人民群众是历史的创造者，是社会发展的决定性力量。在马克思主义的理论体系中，人民观是其中的重要组成部分，它对于我们认识和理解社会发展的本质和规律具有重要意义。在马克思主义看来，人类社会的历史是由人民群众不断创新与推动的，人民群众是社会发展的主体力量。人民群众是社会生产力的代表，是社会物质财富和精神财富的创造者，是社会变革与进步的重要推动力量。唯有尊重人民群众的主体地位，才能真正达到社会的发展与进步。在马克思主义看来，人民群众的根本利益是实现人类的解放与自由。这意味着人民群众需要摆脱剥削、压迫和不平等，获得真正的自由和权利。只有维护人民群众的根本利益，才能真正达到社会公正与公平。马克思主义的人民观认为人民是社会主义革命与建设的主体力量。在社会主义革命与建设中，人民群众需要充分发挥自身的积极性和创造力，积极参与社会主义建设事业。马克思主义的人民观也强调了人民群众在社会主义建设中的团结协作精神，只有团结一致，才能实现社会主义的目标和理想。总之，马克思主义的人民观是一种以人民为核心的思想体系，它强调了人民群众的主体地位、根本利益、实践精神和团结协作精神。只有通过马克思主义的人民观的引导和实践，才能真正实现社会主义的目标与理想。

习近平总书记在党的二十大报告中指出："必须坚持人民至上。人民性是马克思主义的本质属性，党的理论是来自人民、为了人民、造福人民的理论，人民的创造性实践是理论创新的不竭源泉。"[①]马克思主义人民观发展的新里程碑即人民至上，人民至上是对马克思主义人民观的原创性贡献。习近平总书记始终把人民放在心中最高位置，他始终坚持人民至上，以人民为中心的发展思想贯穿在他的治国理政之中。他强调，要始终把人民利益放在首位，不断实现好、维护好、发展好最广大人民的根本利益。他强调，要以人民为中心的发展思想，进一步适应人民日益增长的美好生活需要，进一步推动人的全面发展。习近平总书记始终关心民生问题。他强调，要始终把改善民生作为工作的出发点与落脚点，不断处理人民群众最关心最直接最现实的利益问题。他强调，要重视弱势群体，关心困难群众，

---

① 习近平：《高举中国特色社会主义伟大旗帜为全面建设社会主义现代化国家而团结奋斗———在中国共产党第二十次全国代表大会上的报告》，人民出版社，2022 年，第 19 页。

使人民群众有更多的获得感、幸福感、安全感。习近平总书记始终注重处理人民群众的实际问题。他强调，要始终关注人民群众最关心最直接最现实的利益问题，特别是要解决好教育、就业、医疗、社会保障等民生问题。他强调，要以钉钉子精神做好民生工作，不断推动各项民生政策落到实处。总之，习近平总书记关于坚持人民至上的重要论述，是对民为邦本与人民创造历史的继承和发扬。

四、包容性与开放性的契合

一部马克思主义发展史就是不断吸收人类历史上一切优秀思想文化成果丰富自己的历史。在几千年的历史长河中，我国各民族文化上兼收并蓄、经济上相互依存、情感上相互亲近，共同铸就中华优秀传统文化无与伦比的包容性和吸纳力，展现了中华优秀传统文化对世界文明兼收并蓄的开放胸怀。

马克思主义的实践性同中华优秀传统文化"绝知此事要躬行"的精神相契合。实践性是马克思主义理论区别于其他理论的显著特征，是其固有的理论品格。中华文化作为世界上唯一以国家形态连续发展至今的文明，离不开实用理性的支撑，如先秦荀子的"先行后知"、北宋大儒张载的"横渠四句"、朱熹的"格物致知"、明儒王守仁的"知行合一"等，无不重视实践、实行、实效。亦古亦新的"实事求是"，就是马克思主义同中华优秀传统文化共通的典范。

马克思主义永无止境的创新精神与中华优秀传统文化突出的创新性相契合。在人类思想史上，马克思主义以其独特的创新精神，为人类文明的发展注入了新的活力。而中华优秀传统文化，以其深厚的底蕴和卓越的创新性，为马克思主义的创新精神提供了丰富的营养。两者的结合，不仅丰富了马克思主义的理论体系，也为中华文化的传承和发展注入了新的动力。马克思主义的创新精神体现在其理论体系的不断发展和完善。从马克思、恩格斯创立马克思主义，到列宁领导十月革命，再到毛泽东思想、邓小平理论、"三个代表"重要思想、科学发展观、习近平新时代中国特色社会主义思想，马克思主义始终保持与时俱进的精神，不断适应时代的发展和变化。这种创新精神，不仅推动了马克思主义在实践中的广泛应用，也为其在当代世界的影响力提供了重要支撑。

中华优秀传统文化以其独特的创新性，为马克思主义的创新精神提供了丰富的营养。从儒家的"仁爱"思想，到道家的"无为而治"，再到墨家的"兼爱非攻"，这些传统文化的精髓，无不体现了中华民族对和谐、公正、平等的追求。同时，中华优秀传统文化也强调"天人合一"，注重人与自然的和谐共生，这种思想也为马克思主义的环境保护理论提供了有益的借鉴。

马克思主义的创新精神与中华优秀传统文化的创新性相契合。马克思主义的创新精神与中华优秀传统文化都强调与时俱进，两者结合可以更好地适应时代发展的需要。马克思主义的理论体系可以吸收中华优秀传统文化的精髓，丰富其理论内涵。马克思主义的创新精神与中华优秀传统文化的创新性相结合，可以推动实践创新，为解决现实问题提供新的思路和方法。在当代，我们要继续这种创新，助推中华优秀传统文化传播。

第二章

中华优秀传统文化当代传播价值

中华优秀传统文化作为社会主义主流文化的重要组成部分，其所表现的思想观念、行为理念、伦理规范和道德风范具有先进性，具有正向的精神指引功能，其所包含的内容对巩固党的执政地位、弘扬主流意识形态具有重要意义。中华优秀传统文化是实现中国梦的巨大精神动力，是治国理政汲取智慧的源泉，是社会主义核心价值观的文化根基，是健全个人人格的文化资源，因此，必须注重挖掘和阐释中华优秀传统文化的当代价值。

一、与马克思主义合力，筑牢中国式现代化的文化根基

（一）二者都蕴含物质文明与精神文明相互协调的价值追求

物质文明与精神文明相互协调是中国式现代化的必然要求。这一要求不仅符合现代化发展的客观规律，也反映了人们对美好生活的向往和追求。现代化不仅意味着经济的繁荣和社会的进步，更意味着人的全面发展。在现代化进程中，人们不仅需要满足基本的物质需求，还需要追求精神上的满足和提升。因此，物质文明和精神文明相协调是中国式现代化的本质特征，也是其重要目标之一。

在现代化进程中，我们需要平衡经济发展与环境保护的关系，实现可持续发展。而物质文明和精神文明相协调，能够促进社会的和谐稳定，提高人们的幸福感和获得感，从而为可持续发展提供良好的社会环境。物质文明与精神文明相互协调符

合我国特色社会主义的价值要求。中国特色社会主义强调以人为本，注重人的全面发展。物质文明与精神文明相互协调，能够满足人们多样化的需求，促进人的全面发展，同时也能够增强人们的文化自信和民族自豪感。

一方面，要加强社会主义物质文明建设，让人们经济生活富起来。随着时代的进步，我们正处在一个经济飞速发展的时代。在这个时代背景下，加强社会主义物质文明建设，让人们经济生活富起来，显得尤为重要。物质文明建设是社会主义建设的重要组成部分，它关系到人民群众的生活水平，关系到国家的繁荣富强。只有物质文明得到充分发展，人们的生活水平才能得到提高，国家的综合实力才能得到增强。我们需要通过深化改革，优化产业结构，提高创新能力，增强经济发展的内生动力。同时，也要注重城乡发展，推动城乡经济协调发展。要加大就业扶持力度，提供更多的就业机会，保障劳动者的合法权益。加强物质文明建设，最终是为了提高人民群众的生活水平。我们必须重视民生问题，加大社会保障力度，提高人民生活水平。

　　一方面，要加强精神文明建设，让人们在精神生活上也富起来。随着社会的进步与发展，人类不仅对物质生活的需要愈来愈高，而且也愈来愈重视精神生活的丰富与提高。精神文明建设作为社会主义建设的重要组成部分，越来越受到人们的关注和重视。要加强精神文明建设，必须重视教育。教育是培养人的重要途径，也是提高人们素质的重要手段。我们要加强学校教育，注重培养学生的综合素质，让他们不仅有知识，更有道德、审美、文化等方面的素养。同时，我们还要加强社会教育，通过各种形式和渠道，普及科学知识，弘扬优秀传统文化，提高人们的文化素养和精神境界。文化娱乐也是人类精神生活的主要组成部分，是人类放松身心、享受生活的重要方式。我们要大力发展文化产业，提供丰富多彩的文化产品，以适应人类的精神需要。同时，我们还要加强文化娱乐设施建设，为人们提供更多的文化娱乐场所和活动，让人们在轻松愉快的氛围中享受精神生活的富足。只有让人类在精神生活上也富起来，才能真正达到全面小康、和谐社会的目标。

　　总之，中华优秀传统文化认为，物质文明是精神文明的基础。精神文明建设反过来也有利于物质文明建设。中华传统文化中蕴含着物质文明和精神文明相协调的价值追求，对我们今天协调好物质文明和精神文明具有重要启示意义。只有物质文明与精神文明的和谐发展，物质生活与精神生活都富裕，国家才能强起来。

马克思主义也蕴含物质文明与精神文明相协调的价值追求，与中华传统文化在根性上和追求上高度一致。马克思主义是一个科学的理论体系，它不但阐述了人类社会发展的客观规律，而且蕴含着物质文明和精神文明相互协调的价值追求。这种价值追求在马克思主义的理论体系中具有很高的地位，对于我们理解马克思主义的本质、推动中国特色社会主义事业的发展具有重要的指导意义。

首先，马克思主义强调物质文明与精神文明是相互依存、相互促进的。物质文明是人类改造自然界、创造物质财富的能力，它是人类社会存在与发展的基础。而精神文明则是人类认识世界、改造世界的精神成果，它涉及科学、文化、教育、艺术等多个方面。物质文明与精神文明相协调，就是要把物质文明的发展与精神文明的发展统一起来，既要重视物质财富的积累，也要重视精神文化的提升，使物质文明与精神文明相互促进、共同发展。

其次，马克思主义指出，物质文明与精神文明相互协调是实现人的全面发展的必要条件。人的全面发展，是指人的能力、素质和个性得以充分而全面的发展。人的全面发展离不开物质文明的蓬勃发展，但同时也离不开精神文明的蓬勃发展。只有当物质文明与精神文明相互协调发展时，人的全面发展才能得到充分实现。

最后，马克思主义还强调社会主义社会是物质文明和精神文明相协调发展的社会。社会主义的本质要求我们，既要大力发展社会生产力，推动经济建设取得新的更大的进步，又要加强社会主义精神文明建设，推动人的全面发展。唯有在社会主义社会中，我们才能真正达到物质文明与精神文明之间的协调发展。所以，我们必须在实践中贯彻落实马克思主义蕴含的物质文明与精神文明相协调的价值追求。

（二）二者都蕴含人与自然和谐共生的思想理念

中华民族对人与自然、宇宙与人生进行了深刻思考，中华优秀传统文化蕴含着丰富的生态智慧，对当代生态文明建设有着十分重要的借鉴意义。不尽物取的节制态度和对自然的仁爱之心；顺应自然界，在正确把握客观规律的基础上发挥主观能力；坚持天人合一、万物并育的生态理念。我国古代的生态智慧，对推动人与自然和谐共存的现代化有着重要指导价值。

中华传统文化强调"天人合一"，认为人与自然是相互依存、不可分割的整体。这种观念教导我们要尊重自然、顺应天道，避免破坏自然生态平衡。在当代生态文明建设中，人们同样必须重视自然、环境，以达到可持续发展。中华传统文化倡导"和谐共存"，主张人与自然是共存而非竞争的关系。这种观念教导我们要关注生态系统的整体性，尊重生物多样性，避免过度开发和资源浪费。在当代生态文明建设中，我们需要借鉴这种理念，推动人与自然和谐共生，实现生态平衡。中华传统文化强调"物尽其用"，反对浪费。这种观念在当代生态文明建设中同样有着重大作用。我们应该倡导节约资源、循环利用，减少废弃物的产生，降低环境污染。同时，我们也应该推广绿色生产方式，实现资源的可持续利用。中华传统文化强调生态伦理，认为人类应该承担保护自然、维护生态平衡的道德责任。在当代生态文明建设中，我们需要弘扬这种生态伦理观念，提高公众的环保意识，让每个人都能够自觉地保护环境。

综上所述，中华优秀传统文化蕴含着丰富的生态智慧，对当代生态文明建设有着十分关键的借鉴意义。我们应该深入挖掘这些宝贵遗产，将其应用于现代生态环境治理和环境保护工作中。通过弘扬传统文化中的生态智慧，我们可以推动生态文明建设取得更加显著的成果，实现人与自然的和谐共生。同时，我们也需要不断创新和改进，以适应时代发展的需求，为子孙后代留下一个更加美好的生态环境。

马克思主义也蕴含了人与自然和谐共生思想理念。马克思主义作为一种深厚的哲学思想，其核心价值之一就是人与自然和谐共存。这种思想在马克思主义的理论体系中占据了关键的地位，它不但揭示了人与自然之间的本质关系，也为我们理解人与自然的关系提供了重要的理论依据。首先，马克思主义强调人与自然之间是相互依存、相互制约的关系。在马克思主义看来，自然是人们的生存基础，人类的一切活动都离不开自然。同时，自然也制约着人类的活动，人们必须尊重自然规律，否则就会受到自然的惩罚。所以，人与自然之间的关系应该是和谐的、平等的，而不是剥削和压迫的关系。其次，马克思主义强调人类应该积极探索人与自然和谐共生的道路。在实践中，我们应该尊重自然、保护自然，尽可能地降低人类活动对自然环境的影响。同时，我们也应该积极探索利用自然、改造自然的方式和方法，以实现人类与自然的和谐共生。这种和谐共生的道路应该是可持续的、生态友好的，是符合人类长远利益的发展方向。最后，马克思主义认为实现人与自然和谐共生需要全社会的共同努力。一方面，政府应该加强环境保护法律法规的制定和实施，加大对破坏环境行为的惩罚力度，以引导全社会形成保护环境的良好氛围。总之，马克思主义蕴含的人与自然和谐共生思想理念是一种具有普遍意义的价值观念。它不仅为我们提供了理解人与自然关系的理论依据，也为人们实现人与自然的和谐共存提供了实践指导。

（三）二者都蕴含全体人民共同富裕的文化基础

中华优秀传统文化是构建我国特色社会主义共同富裕理论的文化基因，共同富裕的价值理念根植于中华民族的精神气质之中。"货恶其弃于地也，不必藏于己；力恶其不出于身也，不必为己"[1]等论断充分体现了中华民族对共建共享社会财富的向往，为新时代推进共同富裕提供了深厚的文化滋养。

中华优秀传统文化强调以人为本，注重人的价值、尊严和幸福。这种价值观深深地植根于我们的历史传统和文化中，是我们追求共同富裕的根本遵循。我们要把以人为本的理念贯穿经济发展和社会治理的全过程，让每一个人都能够在共同富裕的道路上得到尊重和关爱，实现全面发展。中华优秀传统文化中蕴含着和谐社会的理念，强调人与人、人与自然、人与社会的和谐共处。这种理念为人们建立共同富裕的社会环境，提供

---

[1]（西汉）戴圣编、刘小沙译：《礼记》，北京联合出版公司，2015 年，第 120 页。

了巨大的思想资源。我们要在经济发展和社会治理中，注重公平正义、诚信友爱、人与自然和谐相处，让每一个人都能够享受到共同富裕带来的红利。中华优秀传统文化强调勤俭节约，这是我们民族宝贵的精神财富。在共同富裕的道路上，我们要注重节约资源、保护环境，让经济发展与环境保护相得益彰。我们要弘扬勤俭节约的美德，倡导绿色发展、循环发展、低碳发展，为共同富裕提供可持续的动力。中华优秀传统文化中蕴含着爱国主义精神，这是我们民族精神的核心。在实现共同富裕的道路上，我们要发扬爱国主义精神，提高中华民族自豪感与凝聚力，让每一个人都能够为共同富裕贡献自己的力量。我们要坚持改革开放，不断扩大对外开放，借鉴国际先进经验，为共同富裕注入新的动力。

马克思主义也蕴含着全体人民共同富裕的文化基础。全体人民共同富裕是马克思主义的一个重要价值追求。马克思主义认为，共同富裕是社会公平正义和人类解放的必然要求，是实现人的全面发展的必由之路。马克思主义认为，生产力与生产关系、经济基础与上层建筑之间的矛盾是社会发展的根本矛盾。

而共同富裕正是这一矛盾运动在分配领域的具体体现。只有通过生产力的发展，才能达到生产关系的调整，从而达到全体人民的共同富裕。所以，共同富裕是生产力和生产关系相互协调的必然结果。马克思主义强调人民群众是历史的创造者，是社会变革的决定性力量。共同富裕的实现离不开人民群众的积极参与和创造。唯有让人民群众共享经济社会发展和社会进步的成果，才能激发他们的积极性和创造力，推动社会不断向前发展。因此，共同富裕是人民群众全面发展和共同发展的必然要求。马克思主义的共产主义理想，是实现人类解放与自由全面发展的社会制度。在这个理想中，全体人民享有平等的社会权利与物质文化生活条件，实现共同富裕。共产主义理想为共同富裕提供了巨大的精神动力和价值保障，是实现共同富裕的必经之路。全体人民共同富裕不仅是马克思主义的核心价值追求，更是我国特色社会主义的本质特征。在实践中，我们应该坚持以人民为核心的发展思想，不断推动经济社会发展成果更多更公平地惠及全体人民，逐步减少区域、城市和收入差异，实现全体人民共同富裕。

二、与马克思主义合力，有利于人的现代化

（一）二者都是提高品德修养的宝贵精神财富

中华传统文化，特别是儒家文化尤其重视对人的道德品质的培养，注重提升人的精神境界。中华优秀传统文化是教人修养德性、立身正命的学问，主张追求个体道德品质的提高和精神世界的自我完善，对促进人的全面发展具有重要意义。中华优秀传统文化认为，个体要以提高品德修养和精神境界为人生责任，人生的目的并不是要成就事业或者获得财富，而是要实现人格的完善，尤其是要做一个堂堂正正的君子。而知识的学习、道德的涵养和人格的完善不是一朝一夕之事，需要主体自觉地进行自我教育，内化吸收中华优秀传统文化的思想精髓，并将其外化为实际行为，由此不断提升境界、完善自我。

儒家文化以深厚的人文关怀，塑造了一代又一代人的道德品质，提升着人们的精神境界。儒家文化注重道德品质的培养，这是它对个体和社会的一种深度关怀。它强调的是一种内在的

修养，通过学习、反思和实践，形成一种内在的道德力量。这种力量不仅可以塑造个人的品格，还可以影响和改变周围的环境。儒家文化强调的是一种"内圣外王"的人生境界，即通过内在的道德修养，达到外在的和谐与成功。在儒家文化中，仁、义、礼、智、信等道德品质被视为个体修养的核心。这些品质不仅关乎个人的品格，也关乎社会的和谐与稳定。只有当每个人都具备这些品质，社会才能真正实现公平、正义和和谐。儒家文化也强调通过教育和自我反思来培养这些品质，这不仅需要个体的努力，也需要社会的支持与引导。儒家文化还特别注重提升人的精神境界。它认为，精神境界的提升不仅是个体内在修养的体现，也是个体对社会、对人类的贡献。儒家文化中的"天人合一"观念，强调人与自然的和谐共存，这不仅是一个哲学观念，更是一个精神境界。只有当个体能够超越自我，达到与天地万物一体的境界，才能真正实现人的价值与意义。

马克思主义作为科学理论体系，不但阐述了人类社会发展的规律，而且还包含着丰富的道德和精神追求。它倡导人们在追求物质利益的同时，也要注重品德修养和精神境界的提升，从而成为一个真正有道德、有品质、有境界的人。马克思主义认为，人的品德修养是一个人内在素质的重要组成部分，它不仅关系到个人的成长和发展，也关系到整个社会的文明进步。因此，马克思主义强调人们应该注重培养自己的道德品质，树立正确的价值观和人生观，做到言行一致、诚实守信、尊重他人、关心他人、乐于助人等。

马克思主义倡导人们追求精神境界的提升，认为精神境界是一个人内在素质的另一个重要方面，它不仅代表着一个人的精神风貌，也代表着一个人的文化素养和人文素养。因此，马克思主义倡导人们应该追求高层次的精神享受，树立崇高的理想和追求，不断充实自己、完善自己，从而达到更高的精神境界。马克思主义还提出了具体的品德修养和精神境界的提升途径和方法。首先，应该注重掌握理论，了解人类社会发展的规律与趋势，从而更好地指导自己的行为和实践。其次，人们应该注重实践锻炼，通过不断的实践和反思，培养自身的思想觉悟与道德水平。此外，人们还应该注重自我修养和自我完善，不断地反思自己的行为和思想，从而不断地提高自己的品德修养和精神境界。

（二）二者都是培育开阔胸怀和积极人生态度的精神指引

开阔的胸怀和积极的人生态度是积极健康的心理状态，能带给人正能量。尽管当下人们的主流心态是积极健康的，但面对日趋激烈的社会竞争，人们普遍感受到越来越大的工作和生活压力，不免产生焦虑压抑的情绪，这不利于现代化建设。中华传统文化强调要学会不抱怨的心态。"上不怨天，下不尤人。"（《中庸》）"知者不惑，仁者不忧，勇者不惧。"（《论语》）要学会调整心态，保持积极乐观，少一些抱怨，笑对生活。还要修炼"致中和"的境界。"致中和，天地位焉，万物育焉。"（《中庸》）中华优秀传统文化为个体培育开阔的胸怀和积极的人生态度提供了价值引导和方法论层面的指引。

具体来说，中华优秀传统文化聚焦于以下几点。

仁爱精神：中华优秀传统文化强调仁爱为先、尊重他人、关注他人、以和为贵。这种精神有助于个体培养对他人的关爱和尊重，促进人际关系的和谐。诚信为本：中华优秀传统文化强调诚实守信、言行一致、表里如一。这种价值观有助于个体树立诚实守信的品格，成为受人信赖的人。勤劳敬业：中华优秀传统文化强调勤劳敬业、自强不息、不断进取。这种价值观有助于个体树立正确的工作态度，成为有作为的人。谦虚谨慎：中华优秀传统文化强调谦虚谨慎，不自大，不浮躁。这种价值观有助于个体保持谦逊的态度，不断反思和提升自己。修身齐家：中华优秀传统文化强调修身齐家，个人品德修养和家庭和睦是人生的重要基石。个体应注重自我提升，培养良好的品德，同时关注家庭和睦，形成良好的家风。知行合一：中华优秀传统文化强调知行合一，理论与实践相结合。个体应注重实践，将所学知识运用到实际生活中，不断提高自己的能力和素质。勤学不辍：中华优秀传统文化强调勤学不辍，不断学习是人生的重要任务。个体应树立终身学习的观念，不断学习新知识和新技能，以适应时代的变化和发展。

经过中华优秀传统文化的熏陶和指引，个体可以开阔胸怀，树立积极的人生态度。在面对人生的各种挑战和困难时，能够坚定信念、勇往直前。同时，这些文化价值观也有助于个体形成良好的人际关系和社会责任感，为构建和谐社会贡献力量。

马克思主义也能帮助塑造积极的人生态度。

马克思主义强调社会经济制度对于人类生活的影响，并主张通过革命和阶级斗争来改变这些制度。这种思想不仅为人们提供了理解社会现象的框架，还为人们塑造积极的人生态度，提供了指导。马克思主义的核心观点是，社会的经济基础决定了人们的生活状况和价值观。因此，了解社会现象需要深入分析社会经济制度。通过学习马克思主义，人们能够更准确地认识社会的真相，发现自身所处的环境以及可能面临的挑战。这种认识将有助于人们更加理性地看待自己的生活，增强自我调整的能力。马克思主义教导人们批判性地看待问题。马克思主义强调，人们应该用批判性的眼光看待问题，而不是盲目接受现有的观念和制度。这种批判性思维有助于人们发现问题的本质，找到解决问题的方法。通过培养这种思维方式，人们可以变得更加自信和勇敢，勇于面对生活中的困难和挑战。马克思主义教导人们关注自身和他人的权益。马克思主义认为，人们应该关注自身和他人的权益，努力实现公平和正义。这种关注有助于我们更好地理解自己和他人的需求，增强自我意识和社会责任感。通过关注他人的权益，我们可以更好地理解社会的不平等现象，找到改变现状的方法。马克思主义教导我们为实现理想而努力奋斗。马克思主义主张通过革命和阶级斗争来改变社会制度。这种思想激发了人们的奋斗精神，鼓励我们为实现自己的理想而努力奋斗。通过对马克思主义的学习，我们可以更加坚定自己的信念，勇敢地面对生活中的困难和挑战，为实现自己的理想而不断努力。总之，马克思主义是一种强大的思想武器，它不仅能够帮助我们理解社会现象，还能指导人们塑造积极的人生态度，创造一个更加公正、平等和充满希望的世界。

（三）二者都是构建和谐人际关系的精神力量

和谐的人际关系不仅有利于个体的全面发展，而且是构建和谐社会的基础。中华优秀传统文化蕴含了丰富的人际观，深刻影响着几千年来中国社会的人际交往与人际关系，可以为现代人构建和谐的人际关系提供重要的启示。首先，诚信是一切人际关系的根本。诚信是中华民族的传统美德，在中华文化体系中具有十分重要的地位。"诚者，天之道也；诚之者，人之道也。"（《中庸》）"诚"被视为贯穿天地万物的基本准则，也是人们必须坚守的道德准则。"诚者，物之终始，不诚无物。是故君子诚之为贵。"（《中庸》）诚信是一切人际关系的根本，依靠诚实才能建立信任。其次，换位思考是构建和谐关系的前提。换位思考也就是传统文化中的忠恕之道。"所恶于上，毋以使下；所恶于下，毋以使上；所恶于前，毋以先后；所恶于后，毋以从前；所恶于右，毋以交于左；所恶于左，毋以交于右。"（《大学》）这一论述强调个体要学会换位思考、将心比心。三是坚持"贵和持中"的人际交往原则。和谐是调节人际关系的伦常规范，预防和避免人际冲突的关键在于坚持"贵和持中"的态度原则。

中华优秀传统文化强调"仁爱"与"和谐"，倡导人与人之间互敬互爱，营造"和而不同"的社会氛围。在构建和谐社会的过程中，我们要继承和发扬这一传统，促进人际关系的和谐，让每个人都能感受到社会的温暖和关爱。中华优秀传统文化强调诚信的重要性，认为诚信是立身之本，也是社会秩序的基石。我们要以诚信为原则，加强制度建设，建立健全信用体系，维护社会公正与公平。中华优秀传统文化强调"和谐包容"，认为不同文化之间应互相尊重、互相包容，形成多元文化共存的局面。我们要弘扬这一传统，尊重不同民族、不同信仰、不同文化背景的人类，推动多元文化的交流与融合。中华优秀传统文化强调"明理守法"，认为明理是提高公民素质的基础，守法是维护社会稳定的重要基础。我们要加强法治教育，引导人们树立正确的道德观念和法律意识，增强公民的责任感和使命感。

综上所述，中华优秀传统文化在构建和谐社会中有着重大的作用。我们要深入发掘中国传统文化的精髓并传播之，将其融入现代社会建设中，促进人际关系的和谐、社会秩序的稳定、多元文化的共生共存、可持续发展以及公民素质的提升。

马克思主义作为人类文明发展的成果，无疑是构建和谐人际关系的强大精神力量。首先，马克思主义强调人的本质是社会关系的总和。这意味着人际关系是构建和谐社会的关键因素。人与人之间的相互尊重、信任、理解与包容，是建立和谐人际关系的基础。只有当我们尊重他人的权利和尊严，才能实现真正的和谐。马克思主义还强调社会公正和平等的重要性。在和谐的人际关系中，每个人都应该被平等对待，享有平等的权利和机会。我们应该尊重每个人的差异，并努力寻找共同点，以建立和谐的人际关系。只有当每个人都感到被尊重和接纳，才能实现真正的和谐。再次，马克思主义强调了集体主义的重要性。在集体主义中，每个人都应该为集体的利益而努力，而不是只考虑自己的利益。我们应该学会分享、合作和互相帮助，以建立和谐的人际关系。只有当每个人都愿意为集体利益而努力，才能实现真正的和谐。最后，马克思主义强调实践的重要性。唯有在实践中，我们才能真正理解马克思主义的价值观和理念。我们应该通过实践来证明我们的信仰和价值观，同时也可以通过实践来学习和成长。通过不断的实践，我们可以深化对马克思主义的理解和运用，从而实现更和谐的交流和沟通。

第三章

中华优秀传统文化当代传播的
基本原则

怎样开展中华优秀传统文化当代传播？我们应坚持马克思主义的方式，采取马克思主义的观点，坚持古为今用、推陈出新，有鉴别地加以对待，有扬弃地予以传承，取其精髓、去其糟粕，用中华民族所创造的一切精神财富以文化人、以文育人。

一、坚持以马克思主义为指导的原则

马克思主义是指导中国革命、建设、改革和新时代伟大实践的科学指南，正是在马克思主义的指导下，中国人民在中国共产党的领导下推翻了压在头上的三座大山，并取得了新民主主义革命的巨大成功，走上了中国特色社会主义道路。马克思主义的传播为中国革命提供了全新的视角和思路。在中国共产党的领导下，马克思主义和中国的具体实践相结合，形成了富有中国特点的马克思主义理论体系。这一理论体系为中国革命指明了方向，也为中国人民带来了新的希望和信心。在马克思主义的指导下，中国共产党领导中国人民进行了艰苦卓绝的斗争，最后获得了新民主主义革命的胜利。这一胜利完成了中国人民的解放与民族独立，也为我国的现代化建设打下了坚实的基石。新民主主义革命的胜利，是中国人民用自己的智慧和勇气取得的伟大胜利，也是马克思主义在中国实践中的成功典范。

新民主主义革命胜利后，我国步入了社会主义建设时期。在马克思主义的指导下，我国进行了社会主义改造与建设，并获得了令人瞩目的成就。我国建立了独立的比较完善的工业体系和国民经济体系，并成为当今世界上有重要影响的大国。同时，我国也在改革开放中不断探索，逐步形成了富有我国特点的社会主义理论体系，为全球社会主义事业的发展作出了重要贡献。也正是在马克思主义的指导下，中国特色社会主义建设获得了令人瞩目的辉煌成就，我国人民的面貌、我国社会的面貌都出现了翻天覆地的巨大变化。可以说，没有马克思主义就没有今天的中国，就不会有中华民族的伟大复兴。

马克思主义是科学的世界观与方法论的有机统一，它不仅是人类社会历史发展的产物，更是人类对自然界和人类社会不断探索、认识与发展的结晶。它从唯物史观和剩余价值学说出发，深刻阐述了人类社会发展规律，为人们认识世界和改造世界提供了科学的思想武器。

首先，马克思主义的世界观与方法论是相互关联、相互促进的。世界观是人们对世界的根本看法和观点，它决定了人们观察、分析和解决问题的方法与方式。马克思主义的世界观指出，物质是世界的根本，物质的运动与变化是客观存在的规律，人类社会的发展也是由物质基础决定的。其次，马克思主义的方法论是我们认识世界和改造世界的工具。马克思主义的方法论包括了历史唯物主义与辩证唯物主义，它强调从实际出发，求真务实，以全面的、发展的、联系的观点看待问题。这种方法论不仅适合于社会科学领域，也适合于自然科学领域。它能够帮助我们正确认识事物的本质和发展规律，从而指导我们更好地应对各种挑战和问题。最后，马克思主义对于人类社会的贡献是多方面的。它阐述了人类社会的发展规律，使人们可以更好地掌握社会发展趋势和方向。它提供了科学的政治经济学的理论框架和分析工具，帮助我们更好地认识和解决经济问题。它强调无产阶级的革命性和阶级斗争的重要性，为无产阶级争取自身权益提供了理论支持。

马克思主义是对人类社会发展规律的科学认识，以马克思主义为指导是我们获得实践成功的重要保障。对于中华传统文化，我们仍然要按照马克思主义的观点，即辩证唯物主义的观点和中国历史唯物主义的观点进行客观审视。既不能片面地讲厚古薄今，又不能片面地讲厚今薄古，更不能有全盘接受或者全盘抛弃的绝对主义态度。

以马克思主义为指导全面审视中国传统文化要坚持全面的观点，中华传统文化是历史的产物，具有历史的烙印，同样也具有一定的历史局限，人们应该看到其中也有糟粕思想，对这一部分也应该批评和否定。在马克思主义的指导下，全面审视中华传统文化，对我们理解和传承这一伟大遗产具有重要意义。

我们必须坚持全面的观点，深入挖掘中华优秀传统文化的含义，以科学的态度对待中华传统文化，并从中汲取智慧与力量。中华传统文化是历史的产物，它是在特定的历史背景下形成的，具有鲜明的时代特征。它既包含了古代先民的智慧，也反映了当时的社会背景和人文环境。然而，随着历史的变迁，一些传统文化中的观念和价值观已经不能适应现代社会的需求。因此，在审视传统文化时，我们必须坚持历史的观点，既要看到其积极的一面，也要看到其局限性。

马克思主义是我们审视传统文化的重要指导思想。它强调了社会存在决定社会意识，认为社会文化是特定社会经济和政治的反映。因此，在审视传统文化时，我们必须以马克思主义为指导，从历史和社会背景出发，深入分析传统文化形成的原因和影响。同时，马克思主义也强调了文化的发展要适应社会发展的需要，因此我们要在继承中华优秀传统文化的基础上，推动其与现代社会的融合。

全面审视传统文化要求我们要认识到传统文化中积极的一面，如优秀的道德观念、人文精神等。这是中华民族最主要的精神财富，需要我们继承和发扬。同时我们也要看到传统文化中的局限性，如一些封建落后的观念和价值观。这些需要我们批判和摒弃。我们还要看到传统文化的时代性，把握其与现代社会的契合点，推动传统文化的创新发展。只有这样，我们才能真正理解和传承中华民族的宝贵精神财富。我们也要看到现代社会的发展趋势和挑战，以开放的视野和创新的思维推动传统文化的创新发展。

中华优秀传统文化是中华民族数千年来的精神财富，蕴含其中的思想精华在今天仍然具有突出的时代价值，我们要充分挖掘和阐释这一部分内容，实现古为今用。以马克思主义为指导看待中华传统文化，要坚持联系的观点，要深入发掘中华优秀传统文化和现代社会发展相契合的内容，实现创造性转化和创新性发展。例如，中华优秀传统文化中特别注重民本思想，古人曾提出"得民心者得天下"的结论，在今天这一思想仍然具有重要启示，要求我们要高度重视人民群众的利益要求，坚持以人为本，落实以人民为中心的发展思想，这是中华优秀传统文化时代价值的有力体现。

二、切实遵行"第二个结合"

习近平总书记关于"第二个结合"的重要论述是新时代取得十年伟大变革的强大利器，其实践价值在于能够帮助中华优秀传统文化传播的推进拓展与行稳致远。"第二个结合"贯通过去、现在与未来，打开了理论创新的广阔空间，让我们找到马克思主义新的发展点和中华优秀传统文化的创新点。

中华优秀传统文化包含了中华民族的智慧和经验，具有深厚的历史底蕴和广泛的群众基础。马克思主义基本原理强调了无产阶级革命和社会主义建设的重要性，同时也强调了人类社会发展的规律和趋势。将马克思主义基本原理与中华优秀传统文化相结合，可以更好地理解中国社会的历史和现状，更好地指导中国特色社会主义事业的发展。马克思主义基本原理同中华优秀传统文化相结合，也是对传统文化思想的解放。传统文化思想受到各种限制和束缚，阻碍了人们的创新精神和创造力。将马克思主义基本原理与传统文化思想相结合，可以解放人们的思想，使人们摆脱传统的束缚，更好地发挥自己的创造力，为社会主义事业作出更大的贡献。马克思主义基本原理同中华优秀传统文化相结合，可以更好地推动中国特色社会主义事业的发展。中国特色社会主义事业是中国特色社会主义道路、理论体系、制度体系的总称，它是在中国共产党的领导下，根据中国国情和实际情况而形成的。将马克思主义基本原理与中华优秀传统文化相结合，可以更好地把握中国社会的实际情况，更好地推动中国特色社会主义事业的发展。马克思主义基本原理同中华优秀传统文化相结合，也是对人类文明进步的贡献。马克思主义基本原理不仅适用于中国社会，也适用于其他国家和地区。将马克思主义基本原理与中华优秀传统文化相结合，可以更好地推动人类文明进步，为世界各国的发展提供有益的借鉴和启示。

因此，要切实遵行"第二个结合"进行传播：以马克思主义为指导的思想是我国特色社会主义文化的"魂"，中华优秀传统文化是我国特色社会主义文化的根脉和基因。如此，能促使我们日益在文化心理上走向文化自信，并由此增强构建中华民族现代文明的精神主动，绘制中国式现代化的文化底色。

三、遵循批判与继承相统一的原则

中华民族在几千年的发展过程中，通过自己勤劳的双手，在生产和生活实践的基础上总结形成了具有鲜明中国特色的中华传统文化，在历史发展过程中留下了深刻的足迹。中华优秀传统文化是中华民族智慧的集中表现，同时也是中华民族的精神命脉和共同精神家园。面对这一巨大的精神财富，我们要传承和发扬中华优秀传统文化，充分发掘其当代价值。但是，我们必须看到，中华传统文化在演变发展过程中也包含了一些封建社会遗留的内容，有些内容与当今时代的价值取向是相悖的。

比如，封建社会的男尊女卑思想。在古代社会，女性地位低下，男尊女卑思想在婚姻、家庭、教育等方面都有所体现。虽然现代社会已经逐渐扭转了这种观念，但在一些偏远地区，仍然可以看到女性在家庭和社会中受到不公平待遇的现象。在古代社会，人们对鬼神、风水、算命等迷信观念深信不疑，甚至将其作为判断事物的重要依据。虽然现代社会已经逐渐摒弃了这种迷信观念，但在某些场合，迷信思想仍然存在。因此，对于中华传统文化在演变发展过程中包含的一些封建社会遗留内容，我们应该批判性对待之，弘扬中华优秀传统文化的同时，摒弃其糟粕，树立正确的价值观和人生观。

"批判与继承相统一"并不意味着全盘否定传统文化。它并不是简单的抛弃或者拒绝，而是在深入理解和研究的基础上，有选择地进行吸收和利用。这种选择性的吸收和利用，是基于对传统文化的尊重和理解，以及对现代社会的认知和需求。传统文化是我们历史的一部分，是我们身份认同的一部分，它有着丰富的内涵和价值。然而，随着社会的变迁，传统文化的形式和内容也在不断变化，这就需要我们以一种开放和包容的心态去面对。深入研究和理解传统文化，是"批判与继承相统一"的前提。我们需要从历史的角度、从文化的角度、从人类学的角度去研究它、理解它的内涵和价值，理解它的优点和缺点，理解它的适应性和局限性。只有这样，我们才能在众多的传统文化中找到与现代社会相契合的部分，才能在传统与现代之间找到一个平衡点。它不是对传统文化的简单复制，而是要在创新中寻找发展。传统文化的精华部分可以被借鉴和继承，但其形式和内容需要被赋予新的内涵和意义。在这个过程中，我们需要以开放的心态去接受新的观念和思维方式，去接受新的技术和方法。我们需要用现代的视角去重新审视传统文化，去重新定义传统文化，去重新发掘传统文化。这是一个深入理解传统文化的过程，是一个寻找传统与现代之间平衡点的过程，是一个在创新中寻求发展的过程。在这个过程中，我们需要尊重传统文化，需要深入研究传统文化，需要以开放的心态去接纳外来文化。只有这样，我们才能真正地理解和利用传统文化，才能真正地在传统与现代之间找到一个平衡点。同时，我们也要意识到，它也不是一蹴而就的过程，需要我们持续的努力和探索。我们只有不断地学习、不断地思考、不断地实践，才能真正地在传统与现代之间找到一个平衡点，才能真正地在传统文化中寻找到创新的力量。

四、秉承古为今用的原则

对待传统文化，我们不能简单地随意套用或复制，而应秉持一种负责任的态度，即古为今用、推陈出新。这种态度既是对历史文化的尊重，也是对未来发展的明智选择。

传统文化是历史的积淀，是民族的根基，它们塑造了人们的价值观，影响了人们的行为方式，决定了人们的审美标准。因此，对待传统文化，我们必须怀有敬畏之心，珍视之。然而，珍视并不意味着盲目接受。对待传统文化，我们要有甄别地对待。我们需要深入理解传统文化的内涵，了解其背后的历史背景和社会环境，以及它所蕴含的价值观念和人文精神。只有这样，我们才能在继承的同时赋予其新的生命力。同时，我们要坚持古为今用、推陈出新。这意味着我们要在继承传统文化的基础上，结合现代社会的需求和特点进行创造性的转化。这种转化不仅包括对传统文化的创新性解读，也包括将传统文化元素融入现代生活，使它们在新的语境中焕发新的活力。在这个过程中，我们不能简单地随意套用或复制传统文化。我们需要深入思考、理性判断，根据实际情况作出决策。我们需要尊重历史，但也不能被历史束缚；我们需要继承传统，但也不能忽视现代社会的变化和发展。只有这样，我们才能真正做到古为今用、推陈出新。这不仅是一种态度，也是一种责任。只有如此，我们才能真正地珍视和继承这份宝贵的历史遗产，为我们的未来发展注入源源不断的动力。因此，对待传统文化，我们需要一种平衡的态度。我们要珍视它、理解它、继承它，同时也要关注它与现代社会的融合，关注它在新时代的创新与发展。只有这样，我们才能真正做到古为今用、推陈出新，为我们的未来发展铺平道路。

秉承古为今用、推陈出新的原则，要充分考虑到传统文化的现实境遇。因为传统文化在其形成与发展过程中，不可避免地会受到当时人类的认知水平、时代条件、社会制度的局限性的制约与影响，所以也不可避免地会产生陈旧过时或变成糟粕性的东西。这就要求人们在学习、研究、运用中华传统文化时坚持古为今用、推陈出新，并根据新的历史实践和时代要求加以正确取舍，而不能一股脑儿都拿到今天来照套照搬。将传统文化简单地复制或套用到具体的实践中去，囫囵吞枣、莫衷一是，这样必定是得不偿失。

五、坚持实事求是的原则

近代以来，面对救亡图存的现实选择，对于中华传统文化的评价存在着两种极端观点：一种观点认为应该全盘否定中华传统文化，认为它已经过时、陈旧，缺乏现代性和创新性；另一种观点则认为应该全盘肯定中华传统文化，认为它是中华民族的瑰宝，具有深厚的历史底蕴和丰富的文化内涵。

全盘否定中华传统文化的人认为，随着时代的变迁，中华传统文化已经无法适应现代社会的需求。他们认为传统文化中的一些观念、价值观和行为方式已经过时，甚至被视为封建迷信、男尊女卑等落后思想的表现。这些人认为传统文化应该被抛弃，以追求更加开放、自由和进步的社会。全盘肯定中华传统文化的人则认为，传统文化是我们民族的瑰宝，它代表着中华民族的历史和文化底蕴。他们认为传统文化中有很多值得我们学习和传承的东西，比如礼仪、道德、审美、哲学等等。这些文化元素在当今社会仍然具有很强的现实意义和价值，能够为社会发展提供有益的借鉴和指导。

对于这两种观点，我们应该辩证地看待。中华传统文化确实存在一些过时、陈旧和不适应现代社会的东西，但是也有很多值得我们学习和传承的东西。我们应该在继承优秀传统文化的基础上，不断探索和创新，以适应现代社会的需求和发展。同时，也需要批判性地审视传统文化中的一些消极因素，对其进行适当的修正和改良，使其更好地服务于社会发展。亦即，我们应该采取辩证的态度。我们应该继承和发扬传统文化的优秀部分，同时也要对其中存在的缺陷和不足进行修正和改良。只有这样，我们才能更好地传承和发扬中华民族的文化瑰宝，为社会发展注入更多的活力和动力。

总之，面对中华传统文化，我们既不要妄自菲薄，也不要妄自尊大，要注重学习吸纳世界各国人民所创造的优秀文明成果，同世界各国相互参考、取长补短。对待传统文化，我们要有足够的文化自信，对传统文化的精华内容要不遗余力地传承，另一方面，我们要有选择地借鉴和吸取，保持冷静客观的态度对待传统文化。与全盘肯定或全盘否定传统文化的错误思潮坚决斗争。因为我们不是历史虚无主义者，也不是文化虚无主义者，不能数典忘祖、妄自菲薄。我们必须旗帜鲜明地坚持马克思主义的一元指导地位，坚持实事求是的原则，按照马克思主义的观点对待中华传统文化，发挥其应有的时代价值。

第四章

中华优秀传统文化当代传播的机遇

随着信息技术的高速发展，信息的传播方式与交换方式也出现了巨大变化。新媒介以其形式丰富、互动性强、渠道广泛、覆盖率高、精确到达、性价比高、宣传方便等优点，在现代媒介行业中占据了越来越关键的地位。新媒介反映了科技的进步、内容方式的转变、传播语境的改变、传统话语权的解构和转变。

一、新媒体时代传播特色

（一）传播内容更加丰富多元

1. 新媒体时代，由于技术赋能，传播的门槛被极大地降低，每个人都有可能成为信息的生产者、传播者和消费者。

从社交媒体、短视频平台到实时通讯工具，新媒体平台提供了丰富多样的传播渠道，使得信息可以迅速地被发布、分享和讨论。此外，新媒体技术还带来了新的信息传播方式，如虚拟现实、增强现实等技术使得信息的呈现更加生动、直观，提高了传播效果。在过去，只有专业媒体机构才能进行大规模、高效率的信息传播。而在新媒体时代，每个人都可以通过各种新媒体平台发布自己的观点、分享自己的经历，甚至进行新闻报道。这种赋权使得每个人都有了发声的机会，也使得信息的多样性得到了极大的丰富。虽然这种技术赋权也带来了一些挑战，导致信息过载的问题日益严重，如何筛选、过滤和解读信息成为一个难题，网络暴力和虚假信息的传播也成为一个亟待解决的问题。但是总的来说，新媒体时代是一个技术赋能、人人都有能力进行传播的时代。这个时代给人们带来了机遇，让人们可以享受技术带来的便利。在这个信息爆炸的时代，人们可以更好地利用技术赋能的力量，推动社会的进步和发展。

2. 传播主体多元化，对传统文化研究和解读的视角就更加宽广。

多元化的传播主体，无疑为传统文化的研究和解读打开了一扇新的窗户，使人们能够以更宽广的视角去探索和理解这个古老而深邃的领域。传统文化内涵丰富，既包括物质层面的遗产，如古建筑、手工艺品等，也包括非物质层面的遗产，如民俗、音乐、舞蹈、语言等。以往的传统文化研究往往局限于专业的研究团队或机构，这就限制了人们对文化内涵的全面理解。而现在，随着自媒体、社交媒体等平台的普及，普通公众也可以成为传播主体，他们可以在自己的社交媒体上分享对传统文化的理解，这无疑为人们提供了更丰富的解读视角。

传播主体的多元化也使得传统文化的研究更加具有互动性和参与性。以往的传统文化研究往往注重知识传递和学术讨论，而忽视公众的参与和互动。但现在，通过线上社区、线上讲座、线上展览等方式，公众可以更加深入地参与到传统文化的研究和解读中来。这种互动和参与不仅提高了研究的趣味性，也使得研究结果更加贴近实际，更具有实践指导意义。因此，多元化的传播主体不仅带来了更丰富的解读视角，也带来了不同的文化元素和创意。这些新的元素和创意可以为传统文化的研究和传承注入新的活力，推动传统文化的创新和发展，让传统文化的研究和传承更加具有互动性、参与性和创新性。

3.传播主体的多元和传播视角的开阔使传统文化内容生产更加丰富。

在当今信息爆炸的时代，传播主体的多元和视角的开阔为传统文化内容生产带来了前所未有的丰富性。这种变化不仅改变了人们理解和传承传统文化的模式，也为人们提供了更广阔的视野和更深层次的理解。

传播主体的多元化为传统文化内容生产注入了新的活力。传统的文化传播方式往往局限于特定的群体或机构，如博物馆、图书馆、学校等。然而，随着社交媒体、网络平台和移动设备的普及，每个人都有可能成为文化的传播者。人们不再是被动的接受者，而是可以主动参与、分享和创造。这种变化使得传统文化内容生产不再局限于特定的领域或专家，而是吸引了更多普通人的参与，使传统文化更加贴近生活、更具亲和力。视角的开阔也为传统文化内容生产提供了更丰富的素材。传统的文化内容生产往往局限于特定的视角或观点，如历史学家的历史研究、艺术家的艺术创作等。然而，随着研究的深入和技术的进步，人们可以从更多的角度和层面去理解和诠释传统文化。例如，人们可以从社会学、人类学、心理学等角度去研究传统文化，也可以通过现代科技手段如虚拟现实、增强现实等技术去呈现传统文化。这种视角的开阔使得传统文化内容生产更具创新性和多样性，也使得传统文化更加生动、立体。

这一切为传统文化的内容生产带来了更深层次的理解。随着对文化现象的深入研究和对文化的深度挖掘，人们可以更深入地理解传统文化的内涵和价值，从而为传统文化内容生产带来更深层次的理解和感悟。

（二）传播方式更加多维互动

1.由单维传播到多维传播。

新媒体时代改变了人们的信息接收习惯，移动阅读已成为人们获取信息的主要方式。移动阅读具有便捷性。无论何时何地，只要有手机或平板电脑，人们就可以阅读。它打破了时间和空间的限制，使得人们可以随时随地获取信息。无论是在地铁上、公交车上，还是在等待的时间里，人们都可以通过移动阅读来获取需要的知识。传统的阅读方式主要依赖于纸质书籍和报刊，而移动阅读则可以通过手机、平板电脑等设备，访问各种在线图书馆、新闻网站、社交媒体、电子书平台等，提供了丰富多样的阅读内容。这使得人们可以更方便快捷地获取各类信息，无论是新闻时事、专业知识，还是文学作品，都能在移动阅读中得到满足。这种移动阅读的互动性也提高了阅读的体验。传统的阅读方式是单向的，而移动阅读可以通过社交媒体、评论区等途径，提供了一种互动的阅读体验。读者不仅可以获取信息，还可以发表自己的观点和评论，与其他读者进行交流。这种互动性不仅增加了阅读的趣味性，也提高了阅读的深度。

在这样的背景下，传播实现了内容的多媒体转化，同一内容可以进行多模态传播——就是以文字、声音、图像、视频等方式进行传播。这种传播方式不仅丰富了信息的表达方式，也提高了信息的传播效率，使得信息的接收者能够更全面、更深入地理解和接收信息。尤其是图像，以其直观性和生动性，成为信息传递的重要手段。而视频则以其连续性和动态性，将信息以更丰富、更真实的方式呈现出来。多模态传播使得信息的传递更加全面和深入。文字可以提供详细的解释和说明，声音可以增强信息的感染力和直观性，图像可以提供视觉上的冲击和记忆点，而视频则可以将信息以连续、动态的方式呈现出来。这样的传播方式不仅可以提高信息的传播效率，也能够让接收者更全面、更深入地理解和接收信息，为人们提供沉浸式体验，确保学习的多维全面。

2. 由单向传播到互动传播。

传统媒体的信息传播方式往往是单向的、点对面的传播，信息的接受者只能被动接受。而在新媒体时代，信息传播变得更加立体化，每个人都有机会参与其中，发表自己的观点，反馈自己的意见。这种互动性不仅增加了信息的趣味性，也使得信息的价值得到了提升。人们可以根据自己的兴趣和需求，选择关注或浏览特定的内容，实现个性化的信息获取。同时，社交媒体的互动性使得信息传播变得更加互动化和民主化。每个人都可以对信息发表自己的看法和观点，信息不再只是单向的传播，而是双向的交流和讨论。新媒体还提供了许多互动工具，

如投票、评论、分享等，使得信息传播更加多元和丰富。这种
互动传播更加具有包容性和创新性，它们以不同的形式和内容
吸引着不同的受众群体。这使得信息传播不再局限于传统媒体
的模式和内容，而是变得更加灵活和多元，也推动了媒体行业
的创新和发展。

3. 由粗放传播到精准传播。

传统传播存在信息不对称现象。新媒体时代，大数据、云
计算和区块链等技术的运用已经渗透到人们生活的方方面面。
这些技术不仅能处理大量的数据，还能对个人的兴趣、爱好和
专长进行精确的模拟运算，从而为每个受众提供精准的传播。

比如，大数据技术不断发展，其在传播领域的应用也越来
越广泛。大数据通过收集和分析海量的数据，可以更好地了解
受众的需求和兴趣，更加精准地定位目标受众，从而实现更高
效的传播效果。还可以根据受众的反馈，调整传播内容使其更
加符合受众的喜好和需求。大数据技术还可以帮助人们实时监
测传播效果，并根据反馈进行调整。通过分析实时数据，人们
可以了解到哪些传播策略有效、哪些无效，从而及时调整传播

策略，提高传播效果。云计算技术为大数据提供了强大的存储和处理能力。它可以根据需求快速地提供数据分析和模型构建所需的资源。通过云计算可以轻松地创建和运行复杂的算法，对大量的数据进行深度挖掘，从而发现隐藏在数据背后的学习模式。总的来说，新媒体时代的大数据、云计算和区块链等技术为人们提供了前所未有的机会，去了解和满足每个个体的需求，提升传播效果。

（三）传播速度和范围更加快捷广泛

1. 传播速度更快捷。

新媒体时代信息的传播速度以前所未有的方式加快，覆盖范围也越发广泛，即时性传播已经实现。无论在世界的哪个角落，只要有手机或电脑，人们就可以实时获取并传播信息。这种即时性使人们能够更快地获取信息，更好地应对变化，也使得公众舆论的反馈周期大大缩短。这种传播速度推动了知识的普及和共享。在传统媒体时代，知识的传播往往受到时间和空间的限制。而在新媒体时代，任何人都可以成为信息的发布者，将知识以文字、图片、视频等形式迅速传播。这种无边界的传播方式极大地推动了知识的普及和更新，使人们能够更方便地获取和利用信息。这种传播速度也促进了社会的连通性。在这个时代，每个人都可以成为信息的接收者和传播者，人们不再是被动的信息接受者，而是成为信息的生产者和消费者。这种社会连通性的增强，使得人们的社交网络得以扩大，信息交流更加频繁，社会互动也更加丰富。人们只要通过智能手机＋网络，便可以通过多种方式获取信息和进行在线学习，把零碎的时间充分利用起来，传统文化的传播速度更快、效率更高，受众的学习方式更加灵活。

2. 传播范围更广泛。

信息技术的发展让全球的联系更加密切，文化交流更加频繁。中华优秀传统文化的传播空间不断拓展，传播速度不断提升，中国的唐诗宋词、美食服装、中医中药、建筑设计等正通过网络以短视频、图片、音频等方式迅速向全球传播，中华优秀传统文化的传播空间不断扩大，国际影响力不断增强。

因此，当下时代，信息技术为中华优秀传统文化的当代传播提供了千载难逢的机遇。信息突破了传统媒介传递信息的单一性，网络传递实现了信息传递的图文声一体化，它把文字、图像、声音、视频、音频等完全融合。其复合性也充分体现了传播形式的多样性特征。它把报纸、电视、广播等传播媒体和传播方式集于一身，其形式的多样化是前所未有的。它将各种接受终端、各种传输渠道、各种信息形态整合在一起，以便确保用户可以在任何地方通过任何终端进入新媒体网络。网络新媒介以其形式丰富、互动性强、覆盖率高等优点，对政治、经济、文化、社会环境产生了巨大影响，中华优秀传统文化当代传播由此出现了全新的景观。

二、万物互联、万物皆媒的传播景观

新媒介时代万物互联、万物皆媒的传播景观，使网民得到了前所未有的交互体验。信息的传播方式发生了翻天覆地的变化。无论是手机、电脑、电视、平板，还是智能家居设备，甚至是汽车，都成为了信息的传播和接收工具。这些设备之间通过互联网连接，形成了一个庞大的信息网络。无论是工作、学习还是娱乐，人们都能在这个网络中找到所需的信息。万物皆媒的传播景观让生活变得丰富多彩。因此，无论是街头巷尾的广告牌，还是商场里的 LED 屏，甚至是社交媒体上的广告推送，都可以成为中华优秀传统文化的传播途径。

新媒体时代的信息传播不再受限于传统媒体的形式和渠道，任何物体、任何场所都有可能成为信息的发源地和传播点。这种万物互联、万物皆媒的传播景观带来的最显著变化就是中华传统文化交互体验的提升。在传统媒体时代，信息的传播往往是单向的，受众只能被动接受。而在新媒介时代，每个人都能够成为信息的发布者和接受者，能够自由地表达自己的看法与意见。信息传播也带来了更多元化的视角和观点。每个人都有自己的社交圈子和信息来源，不同的观点和意见在互动中相互碰撞、融合，形成了一个多元化的信息世界。这种多元化的信息环境使得人们能够更全面、更深入地了解中华传统文化，也更容易产生共鸣和理解。数字传播机制的通用性，正在逐渐打破传统信息传播的限制，为中华优秀传统文化传播带来前所未有的便利和可能性。

大众传播时代，信息的传播主要依赖于图书、报刊、广播和电视等传统媒体。这个时代的显著特征是信息传递的单向性，公众往往是信息的被动接收者。然而，随着数字技术的广泛应用，我们正在进入一个全新的数字传播时代。在这个时代，信息传播的速度更快、范围更广，而且更加个性化。数字传播的核心是互联网和移动设备，它们为信息的生产和分发提供了无限可能。人们不仅可以接收中华传统文化信息，还可以创造和分享信息。每个人都可以成为信息的生产者和消费者，这是数字传播时代最显著的特征。技术的快速应用和普及是这一转变的关键驱动力。云计算、大数据分析、人工智能等新兴技术的出现，使得信息处理和分发的效率大大提高。这些技术不仅改变了信息传播的方式，也改变了人们获取和使用信息的方式。

此外，社交媒体、移动应用、物联网等新兴数字媒体的出现，进一步推动了这一转变。它们不仅提供了丰富的信息内容，而且提供了个性化的信息体验。人们可以根据自己的兴趣和需求，随时随地获取和分享传统文化信息。

现在，网民可以突破时间和空间的限制，采用多窗口、多维度、多入口的方式实现"数字化生存"。中华优秀传统文化当代传播能够突破时间和空间的限制，并开启全新的信息传播模式。每个人都有可能成为信息的生产者和传播者。无论是通过社交媒体、博客、论坛，还是通过传统的新闻媒体，每个人都可以自由地表达自己的观点和见解。任何物体、地点、事件甚至想法都可以成为信息的源头，并通过各种媒介进行传播。这种新的信息传播方式使得信息的传播不再受限于时间和空间，而是变得更加迅速和广泛。

三、视频传播的长足发展

随着信息技术的不断发展，短视频凭借碎片化、娱乐化、个性化的方式成为当下最炙手可热的产品及营销手段，贡献着流量、消费用户注意力及时间。到2024年的今天，短视频已经全方位充斥人们的生活。短视频改变了人们的信息获取和交流方式。它以直观、生动、互动性强等特点，吸引了大量用户的关注，也成为中华优秀传统文化传播的有力工具。

短视频从 2012 年开始简单的图片分享、生活记录到 2024 年跻身将沉浸式新闻资讯、娱乐、社交、购物、教育、文旅、医疗、商业等全场景覆盖的"流量霸主"地位。短视频的出现让每个人都有机会成为内容的创造者。这种媒介形式使得内容生产变得更加简单和快速。无论是专业的摄影师、剪辑师，还是普通用户，都可以通过手机或相机拍摄自己的短视频，表达自己的观点、分享自己的生活。

许多年轻人就运用这样的方式传播传统文化。95 后、"北京面人'非遗'传承人"郎佳子彧就是其中的代表。如何让"面人郎"这项小众的"非遗"项目在传承中续写，是郎佳子彧为之努力的方向。他在网络上不断发布融合时下热点的面人作品，实施了自己的签名——"用年轻的方式，分享中国'非遗'文化"。他认为让大众看到传统文化，才有机会去喜欢。他通过微博、抖音、快手等社交媒体平台收获了一大批粉丝。在探索过程中，这个年轻的'非遗'文化传承人身体力行地传播着中华优秀传统文化。可见，传承是发展的根与茎，发展是传承的花和果，唯有薪火相传，才能永葆中华文化火种生生不息。在科技发展高潮迭起的多元社会生态中，新的技术和工具开启了更加广阔的互联网空间，新一代年轻人的生活正在被更加多样、海量、快速化的信息所占据。但是，与此同时，新时代也象征着新的可能，短视频就是新时代为传统文化走进大众生活提供的新的机遇与选择。

中央媒体也快速进入短视频矩阵，人民日报、央视新闻成为名列前茅的短视频 KOL 大号博主。抖音、快手成为最具实力的短视频平台。此外，短视频还进行多垂类深耕、多场景建构，比如生活美食、美妆服饰、科普知识、泛知识传播、"非遗"传播、博物馆、美术馆、音乐会等传统线下完成的产品营销、销售、场景体验均可实现足不出户的线上体验，由此进行中华优秀传统文化传播，形成"产品功能价值、服务效用价值、场景体验价值"的创新范式。

此外，随着不断发展，短视频内容生产端除了原生态的"散户"和官媒，MCN（多频道网络）机构和 PGC（专业生产内容）也合力为短视频的商业运营提供物质基础。MCN 机构在短视频内容生产中扮演了关键角色。它们通过提供培训、资源整合、市场推广等支持，帮助"散户"和官媒提升内容制作水平，同时也为自身带来了稳定的输出内容。MCN 机构的专业性和资源优势使其在短视频市场中具有强大的竞争力。而 PGC 则提供了更为专业和多元化的内容。它们通常拥有专业的团队和丰富的经验，能够制作出更高质量、更符合市场需求的短视频。PGC 的合作不仅能丰富短视频的内容，也能提高整个行业的制作水平。两者的合力，不仅在短视频的商业运营中起到了关键作用，也推动了整个行业的发展。一方面，MCN 机构和 PGC 的合作提供了多样化的内容，满足了不同用户的需求，促进了短视频市场的增长。这其中，就有很多机构强力打造了许多网络红人，如李子柒等，成功地传播了中华优秀传统文化。

李子柒的名字已经成为现象级的存在，她的短视频不仅在国内引发了热烈的讨论和关注，更是在全球互联网社交平台上产生了强大的影响力，成为了全球瞩目的焦点。李子柒的视频以独特的视角和细腻的手法展现了中国的传统文化和美食，同时也不乏现代生活的点滴。她的作品充满了生活气息，每一个镜头都仿佛在讲述一个故事，引人入胜。她的短视频以高质量、高创意、高情感为特点，吸引了大量的观众。李子柒的视频在短短的时间内就在国内走红，吸引了大量的粉丝。随着她在社交媒体上的活跃，影响力也逐渐扩大到全球。她的短视频以一种全新的方式展示了中国的文化和美食，让世界各地的观众感受到了中国文化的魅力。她的作品在海外华人社区中产生了强烈的共鸣，也吸引了大量的外国观众。她成为主流媒体报道中"讲好中国故事"的典范。

可见，正是网络短视频作为一个世界流行的新兴媒介形式，为李子柒的爆红创造了可能。在她的短视频中，镜头下，美食的制作过程被细致入微地呈现出来，同时配以优美的背景音乐和温馨的色调，使短视频更具吸引力。此外，李子柒的汉服造型和传统妆容也为短视频增色不少，使海外受众更容易理解中华优秀传统文化的魅力。短视频中的背景音乐选择恰到好处，既有中国传统音乐的韵味，又符合短视频的氛围和情感表达。同时，李子柒的语音旁白也起到了画龙点睛的作用，使海外受众更容易理解视频的主题和内涵。这种具象化的视听传播方式，使得视频内容易于被海外受众理解和接受，也更容易跨越文化间的藩篱。

在媒介技术属性方面，短视频制作工具的易用性为其普及提供了基础。现在，手机摄像头、专业相机、视频编辑软件等使得任何人都可以尝试制作短视频。这意味着普通人无须具备专业的技术知识或昂贵的设备，就可以参与到这个行业中来。短视频平台提供了丰富的机会和资源，使得普通人能够轻松分享自己的作品，甚至有机会获得关注和赞赏。当然，成为短视频博主并非易事。尽管准入门槛降低，但制作高质量的短视频仍然需要一定的技能和知识。此外，保持更新频率、创造有吸引力的内容、应对网络评论等挑战也是无法避免的。此外，如何在众多短视频中脱颖而出、如何应对竞争压力、如何管理个人品牌等也是需要面对的问题。由于李子柒短视频的走红，不管是国内还是国外粉丝都对视频中展示出的田园牧歌般的诗意生活心生向往。视频以我国传统美食文化为主题，通过运用中国传统东方的意象、唯美的艺术表现形式，抚慰了现代都市生活中人们的焦虑和紧张，在一定程度上缓解了他们日常的生活压力，从而满足了他们对内心平静的欲望，进而引发共情。在全球化和城市化的时代语境下，粉丝们利用李子柒的短视频看到了我国农村生活的另一种场景，我国的传统文化、生态文化、民俗文化、美食风味等都以一种日常的、生活化的方式进行展示。在这种风格化短视频带来的舒适感和治愈感下，所谓生活记录的真实性已不再重要，人们更喜欢去相信在视频日志中所呈现的赏心悦目、生活在别处的美好。

李子柒短视频为中华优秀传统文化的当代传播提供了极好的借鉴。毫无疑问，中华优秀传统文化的传播可以是更多渠道、多元化和多形态的。在新的媒介时代，短视频等新的媒介形态和传播形式赋予了人们前所未有的机会，让每个人都能够站在文化传播的最前沿，成为展示中华文化的窗口，每一个日常个体都可能成为文化的创造者、传播者和消费者。短视频以其短小精悍、内容丰富的特点，为个体提供了展示传统文化、表达观点的平台。富含传统文化的美食、艺术、科技都可以通过短视频的形式呈现出来，展示其精粹部分，引发广泛关注和讨论。这种新的传播形式，使得传统文化得以被更多的人了解和欣赏。

这种传播方式打破了传统媒体的单向传播模式，使得每个人都能参与到文化的创造和传播中来。

但短视频的短板也是显而易见的。

一是话语表达碎片化。社交媒体的兴起，使得人们可以随时随地发布和接收信息。然而，这种即时性也导致了话语表达的碎片化。人们往往只选择传递自己感兴趣或关注的部分信息，而忽略了整体内容的完整性。此外，社交媒体的互动性也使得人们更倾向于简短、快速的交流，进一步加剧了话语表达的碎片化。碎片化表达的另一个问题是难以深度传播。由于信息内容被切割成多个片段，读者往往只能获取其中的一部分，无法形成完整的认识。这不仅影响了信息的传递效果，还可能导致误解和误导。此外，碎片化表达也使得系统性的知识难以构建，人们难以通过连续、深入的阅读和理解来获取完整的知识体系。因此，在通过短视频传播传统文化时，应尽可能保持内容的完整性，避免过度简化和断章取义。同时，要注重标题和字幕的撰写，以便读者了解整体内容。二是双向互动延迟化。在信息传播过程中难以产生真正实时的互动响应。

由于短视频存在上述短板，视频传播如若只是以短视频作为主要形式，则无法满足网民对信息获取的完整性要求。与短视频相比，中长视频的长度和制作复杂度使其看起来可能更有挑战性，但其显著的优点——内容完整、情节细腻、表达深刻等特征使其能够与短视频形成完美互补。

中长视频用更多的时长来讲述一个完整的故事或展示一个深入的主题。这种形式的视频避免了短视频常常面临的碎片化问题，使得内容更为连贯和完整。中长视频能够深入探讨传统文化的发展，提供更丰富的背景信息，展示更深入的主题，从而给观众更完整的体验。这样的内容更能激发观众的思考和反思，加深他们对传统文化的理解。而且，中长视频有更多的时间去处理细节，从而描绘出更细腻的情节。这些微妙的描绘使得传统文化的传播更具真实感和深度，能够吸引观众的注意力并使他们更好地投入其中。此外，中长视频的时长也给予创作者更多空间去呈现情感的复杂性，从而深化观众对传统文化的理解。中长视频还提供了更多的时间和空间来表达创作者的深刻思考。它不仅能呈现可视的视觉艺术让受众感知传统文化，还能通过声音、音乐、旁白等元素传达更深层次的意义。这种形式的视频能更好地揭示传统文化的本质，从而引发观众的共鸣和思考。

因此，我们可以通过中长视频提供更深层次的内容和体验，与短视频形成互补，从而吸引更广泛的受众。无论是通过增加频道的内容多样性，还是在长视频中插入短视频的链接，中长视频都可以丰富用户的观看体验。

总之，长期以来，中华优秀传统文化传播主要以文字为载体。然而随着图像乃至视频传播的兴起，中华优秀传统文化传播遭遇了类似"旧瓶装新酒"的传播困境。中华优秀传统文化传播需要应和时代变化，跟上视频传播的时代趋势，进一步提升传播效果。可以通过短视频开展引流、吸引关注，同时利用中长视频系统体系性地展示传统文化。通过多种方式推动网民认识中华优秀传统文化、热爱中华优秀传统文化，对中华优秀传统文化产生自发而深刻的信服和认同。

四、中华优秀传统文化智能化传播范式的形成

（一）中华优秀传统文化精准化传播

传统文化传播长期以来"千人一面"，其供给与需求之间存在矛盾。当前，智能技术是提高中华传统文化传播精度的重要利器。智能技术通过大数据分析、人工智能等技术手段，能够精准定位受众，提高传播效率。通过分析用户的行为习惯、兴趣爱好等数据，智能推送系统能够为用户提供个性化的传统文化内容，满足不同人群的需求。智能技术还能实时监测传播效果，为优化传播策略提供依据。智能技术也为传统文化传播提供了实时互动的可能。通过社交媒体、在线教育平台等渠道，用户可以随时随地参与传统文化活动，与专家学者进行在线交流，增强对传统文化的理解与认同。这种互动方式打破了时空限制，扩大了传播范围，增强了传播效果。智能技术还能够将传统文化的各种形式，如文字、图片、音频、视频等，进行多媒体融合，针对受众的喜好进行传播。这种多样化的传播方式

能够吸引更多受众，提高传播效果。此外，智能技术还能将传统文化与现代科技元素相结合，创造出新颖的传播形式，引发公众的兴趣。

以前，开展中华优秀传统文化传播后，难以对传播效果进行精准的评估。现在，智能技术能够对中华优秀传统文化传播效果进行实时监测与评估，为优化传播策略提供依据。通过分析大数据，智能系统能够发现传播中的问题，及时调整策略，提高传播效果。此外，智能技术还能为传统文化机构提供数据支持，帮助其制订科学合理的传播计划。因此，加强利用智能技术，能够更好地增强中华优秀传统文化传播的效果。

（二）中华优秀传统文化共情化传播

随着受众地位的增强和用户时代的到来，共情传播已经成为衡量传播效果的新向度。智能技术能为中华优秀传统文化共情化传播服务。虚拟现实使信息接收者变成传统文化的亲历者，从而激发人们强大的情感力量和体验乐趣。比如，人们可以将古代庙会的场景重现出来。人们可以在庙会上看到各种传统艺术表演，如舞狮、舞龙、杂技等。同时，还可以听到各种传统音乐和戏曲的声音，感受到热闹的气氛。或者通过虚拟现实技术将古代园林的景观重现出来。人们可以在虚拟园林中漫步，感受到古代文人雅士的审美情趣和人文精神。同时，人们还可以模拟古代园林中的花鸟鱼虫、山石水景等元素，让受众感受到中国传统文化的精髓。尤其古代的传统节日和庆典活动，如春节、元宵节、龙舟节等场景重现，可以让人们在虚拟环境中感受到节日的气氛和氛围，同时还可以参与到各种传统活动中去，如舞龙舞狮、赛龙舟等。

这些虚拟现实场景不仅能够让人们全面地了解和体验中国传统文化的魅力，还能增强人们对中华优秀传统文化的认同感和自豪感。此外，这些场景还可以增强人们对于中华优秀传统文化的保护和传承意识，为保护和传承中华优秀传统文化作出自己的贡献。人们在这些场景中形成视觉、听觉、触觉的全方位立体感知，产生沉浸式的共情感悟，从而提高中华优秀传统文化的传播力。

第五章

中华优秀传统文化传播的现实问题

新媒体时代，信息传播速度更快、方式更多、范围更广，为中华优秀传统文化的传播带来了正向机遇，但同时也出现了政策监管、内容保障、理念更新等方面的现实困难并需要破解。

一、技术带来的问题

（一）全面监管难度增大

1. 内容监管风险。

新媒体时代流量可以变现，有人为了经济利益，其传播出现了夸大性、诱导性、欺诈性、隐蔽性等不文明的传播内容。而网络内容审核又存在"后知后觉"现象，负面的传播影响难以及时、全面消除。

新媒体时代，人人都是信息的传播者，每个人都有可能接触到全球的信息流。我们可以通过手机、电脑、平板等各种设备，随时随地获取和发布信息。而且，信息的传播不再受时间、空间、传统媒体形式的限制，真正实现了全球化、即时化。然而，新媒体时代的传播渠道越多、覆盖面越广、速度越快，人们面临的挑战也就越大。一方面，各种社交媒体、网络平台为信息传播提供了无限可能，但也使得信息的真实性和准确性难以保证。在海量的信息中，受众往往难以辨别真假，甚至会受到虚假信息的误导。另一方面，新媒体时代的信息传播速度也带来了信息过载的问题。信息量的激增使得人们难以在短时间内处理和消化大量的信息，也给用户的信息选择带来了压力。过去，人们更多地依赖传统媒体获取信息，如报纸、电视、广播等。而在新媒体时代，人们更倾向于从社交媒体、网络平台获取信息。然而，这种方式也存在一定的风险。一方面，人们可能会过度关注个人化的观点和情绪表达，导致信息接收的不全面。另一方面，网络平台上的信息往往带有强烈的情绪色彩和主观性，容易误导受众。在传统媒体时代，信息的传播往往受到严格的审查与把关，内容的价值导向相对明确。而在新媒体时代，人人都可以成为信息的传播者，信息的价值导向就变得难以控制。一些不良信息可能会在网络上迅速传播，对受众产生负面影响。此外，一些虚假信息的传播也可能对社会的信任体系造成冲击。

在新媒体时代，流量可以变现的社会背景下，网络世界中出现了许多不文明的传播内容，这些内容以夸大性、诱导性、欺诈性、隐蔽性等为主要特点。这些不文明的内容不仅破坏了网络环境的健康，也给受众带来了很多困扰和风险。夸大性内容主要表现为网络信息中的夸张成分。这类信息通常是为了吸引受众注意力，将普通的事件或信息放大到极致，从而达到博人眼球的目的。夸大性的传播往往会造成误解，让人们对某个事件或信息产生过度的关注和过高的期待。诱导性内容则是通过各种手段引导受众点击链接、下载软件或购买商品。这类信息往往打着诱人的旗号，诱导受众作出错误的选择。而这种诱导行为可能会带来财产损失和隐私泄露的风险。欺诈性内容则是利用虚假信息或恶意软件来欺骗受众，从中谋取利益。这类信息通常会以各种借口诱导受众输入个人信息、银行账号等敏感信息，进而盗取钱财或进行其他违法活动。这种欺诈行为不仅损害了受众的利益，也破坏了网络环境的信任和秩序。隐蔽性内容则是指那些隐藏在正常信息中的恶意内容，如恶意软件、病毒等。这类信息往往不易被用户察觉，但一旦被感染，就会给用户带来很大的麻烦和风险。这些不文明的传播内容之所以会出现，一方面是因为流量经济的驱动，另一方面也是因为网络监管的缺失和法律制度的滞后与公众的媒介素养的有待加强。

网络直播的负面性尤其明显。直播的实时性使得信息能够迅速传播，但与此同时也带来了新的挑战，尤其是对于内容审核而言。网络直播的内容审核往往滞后于其传播速度。无论是正面或负面的信息，一旦在直播中被发布，就可能迅速传播开来。由于网络直播的即时性，一旦发现违规内容，往往已经造成了不可挽回的影响。这就是所谓的"后知后觉"现象，因为往往在发现问题时，已经为时已晚。而且，网络直播的内容审核需要应对大量的信息流。在直播平台上，每天都有数以万计的内容被发布和观看。这无疑增加了审核工作的难度和复杂性。

即使有专业的审核团队在努力工作，他们也很难在如此庞大的信息流中及时发现并处理违规内容。虽然许多平台已经开始探索新的方法来应对这个问题。他们正在利用人工智能技术来辅助内容审核，以更快速、更准确地识别和过滤不良内容。但是问题的最终解决需要长期的努力。

2. 传播终端风险。

新媒体时代传播终端众多，个别人为了谋取利益，以各种方式吸引人们下载、关注，具有一定的迷惑性和诱惑力，会造成不良文化对中华优秀传统文化的侵扰和危害。

比如，个别网络传播终端在推广时，过度夸大产品功能和效果，甚至虚构事实误导消费者。这些虚假宣传往往使人对产品产生过高的期望，一旦实际使用效果达不到预期，就会产生较大的心理落差。一些网络传播终端通过各种方式诱导人下载安装，如通过弹窗、广告等形式诱导用户点击下载，从而获取利益。这些行为往往会使人不经意间下载安装了大量无用或不良软件，占用手机内存，影响手机运行速度。一些不良网络传播终端在获取用户信息后，可能会出售给第三方，导致用户个人信息泄露。这对用户来说，不仅财产安全受到威胁，还可能带来精神上的压力和困扰。个别网络传播终端为了追求流量，过度强调娱乐功能，使人沉迷于其中，影响日常生活。

3. 知识产权风险。

部分传播人员缺乏法律意识，照搬照抄他人创作的中华优秀传统文化内容来谋取个人利益，这样就会侵权。

知识产权是一种法律权利，赋予创作者对其创作的智力成果享有专有权。抄袭行为不仅侵犯了原创者的权益，而且可能面临法律责任。对于中华优秀传统文化传播来说，保护其知识产权就是保护其独特的文化价值和历史意义。照搬照抄的行为对整个社会和个人的利益都有害无益。一方面，抄袭者没有通过自己的努力和创新为文化注入新的活力，而是简单地复制他人的成果。另一方面，原创者可能会因为抄袭行为而遭受经济损失，甚至影响到他们继续创作和推广中华优秀传统文化的动力。这种行为也破坏了文化的多样性。中华优秀传统文化是我们共同的宝贵财富，应该得到尊重和保护。抄袭行为剥夺了原创者通过创新和传播来传承和发扬这些文化的机会，也剥夺了公众从多元视角了解和欣赏这些文化的机会。同时网络维权成本较高、侵犯知识产权成本低的社会现实，不利于原创作品的持续创作和中华优秀传统文化的健康传播。

（二）深入学习难度增大

1.传播方式简单。

中华优秀传统文化博大精深，需要深入研究，进行创新性发展和创造性转化。新媒体传播门槛降低，存在大量的"拿来主义"现象，传播主体缺乏对中华优秀传统文化的领悟和设计，缺乏结合现实的创新和转化，导致简单粗放、千人一面。

2.传播视角复杂。

众多传播主体根据自身需要对中华优秀传统文化进行了多角度解读，由于各种原因，可能存在一些错误和误解。一些传播主体可能过于强调传统文化的形式和表面，而忽略了其背后的深层含义和价值。他们可能过于关注传统服饰、礼仪、建筑等表面元素，而忽略了这些元素背后的文化内涵和历史背景。这可能导致人们对传统文化的理解片面化，无法深入了解其真正价值和意义。还有的可能过度简化传统文化的内容，导致一些重要的概念和思想被忽略或误解。例如，在解读儒家思想时，一些人可能只关注其中的伦理道德观念，而忽略了其对个人和社会发展的重要意义。这种片面的解读可能导致人们对传统文化价值的误解和不全面的认识。还有一些传播主体可能受到现代文化价值观的影响，对传统文化的某些方面产生误解或质疑。例如，一些人可能认为传统道德观念已经过时或与现代社会脱节，这种观点可能导致人们对传统文化的整体价值和意义产生怀疑。甚至部分传播主体对传统文化缺乏理性态度，主张要反传统，这都是极端错误的。

3. 互动交流弊端。

新媒体时代的信息传播实现了互动传播，但很多所谓的互动浅显、零散，甚至可能表现为恶意的评论、人身攻击，恶意的举报和禁言。这些情绪化的反应可能源于愤怒、不满、恐惧或焦虑等复杂情绪，其影响既可能对个人产生心理压力，也可能导致人际关系的疏远和破裂。网络空间的匿名性使得人们更容易释放出平时可能压抑的情绪。当这些情绪得不到妥善处理，就可能转化为对他人的恶意攻击。由于在网络的虚拟世界中，人们常常忽视了彼此的真实身份，这使得冲突更容易升级为激烈的争吵甚至人身攻击。这种冲突不仅可能导致双方关系的破裂，还可能引发更广泛的社会问题，如网络水军、网络暴民等群体出现，破坏网络空间的和谐与秩序。因此，我们必须正视这个问题，在交流中建立真正的理解和尊重，避免因观点不同而引发的暴力和冲突。

（三）传播内容参差不齐

1. 反映传统文化系统不完整。

中华优秀传统文化博大精深，是由一系列复杂的元素和传统技艺组成的，其整体传播需要体系性把握。新媒体时代传播多以碎片化形式呈现，将传统文化分割成一个个单独的部分，难以形成一个完整的文化体系。这导致人们只能看到传统文化的一部分，而忽略了其背后的丰富内涵和价值，让受众对传统文化管中窥豹，认为传统文化不过如此。碎片化的呈现方式还容易使受众形成刻板印象。由于人们接触到的传统文化信息往往是片面的，因此容易对传统文化形成固定的认知和理解。例如，人们可能只了解到某一传统文化元素的具体表现形式，而忽略了它在整个文化体系中的地位和作用。这种片面的理解往往导致人们以偏概全，认为某个文化元素适用于所有情况，限制了对传统文化的深度挖掘和多元化解读。这种碎片化的呈现方式还会导致人们逐渐忽视传统文化的整体性和连续性。传统文化的传承和发展需要时间和空间的支持，需要在一定的历史和文化背景下不断演变和发展。然而，碎片化的呈现方式使得人们对传统文化的认知往往是断章取义的，无法感受到传统文化的内在逻辑和传承脉络。

2. 与受众的联结不紧密。

新媒体对传统文化的传播倾向于外在显性的内容传播，例如祭孔大典等仪式感较强活动，但往往忽略了细节、深入和持续性的内容呈现。这使得传统文化的传播与现实生活融入不紧密，效果大打折扣，无法深入人心。比如，许多展示和活动过于表面化，没有充分展现传统文化的内涵和魅力。一些戏剧表演只是简单地把故事情节展示出来，没有深入挖掘其中的情感、思想和美学价值。一些舞蹈表演只注重形式上的炫技，没有体现传统文化的精髓和内在精神。这样的展示缺乏深度和细节，很难让观众真正感受到传统文化的魅力。许多传统文化展示只是浮于表面的皮毛，没有深入挖掘其背后的历史、文化、社会背景等深层含义。比如，一些民间工艺品的展示只是简单地摆放在展台上，没有讲解其背后的制作工艺、历史文化和社会背景等。这样的展示缺乏对传统文化的深入剖析和理解，很难让观众真正理解传统文化的内涵和价值。因此，在传统文化传播中，要深入挖掘其背后的历史、文化、社会背景等深层含义，让受众真正理解传统文化的内涵和价值，让传统文化传播入脑更入心，让更多人了解和喜爱中华传统传统文化。

二、问题带来的后果

（一）去中心化弱化了中华优秀传统文化传播的权威性

新媒体时代，用户不仅是创作传播主体，同时又是浏览他人视听内容的受众。话语平权赋予了各种价值观平等的表达权，一些在现实社会无法传播的价值观也获得了自由表达的机会。"网红""草根""UP主"凭借鲜明的自身特点、强大的感染力、优质的视频内容成为具有一定影响力的意见领袖，他们在信息传播中的地位日益凸显，在一定程度上弱化了中华传统文化传播的主导性。

在传统的文化传播中，主流媒体和权威专家是传播的主导力量，他们的话语和观点往往具有权威性和可信度。然而，随着互联网的普及和社交媒体的兴起，越来越多的人开始关注和追随意见领袖，他们的观点和言论更容易引起关注和讨论。意见领袖的传播方式与传统媒体有所不同。传统媒体通常采用权威、客观的报道方式，注重事实和数据的呈现。而意见领袖则更加注重个人观点的表达和情感共鸣，他们的话语往往更加生动、有趣，更容易引起人们的关注和讨论。为了吸引流量，一些意见领袖在传播传统文化时存在过度商业化和娱乐化的现象，导致传统文化的内涵和价值被忽视或扭曲。很多意见领袖在传播过程中缺乏专业素养和文化底蕴，导致传统文化的传播质量受到影响。

此外，传播主体的多元化也意味着价值观传播的多元化。传统的传播模式往往由一个中心化的主体控制信息的流动，这个主体通常是媒体机构或专家学者。而在多元化的传播时代，每个人都可以成为信息的发布者和接收者，从而影响了信息的流动方向和内容。这样的变化带来了价值观传播的多样性，因为每个人都可以根据自己的理解、信仰和价值观来传递信息。这种多元化的价值观传播带来了一些挑战。首先，信息的真实性、准确性和可信度可能会受到影响。由于传播主体的多样性，信息的来源和传播方式变得复杂，人们需要更谨慎地对待信息，以便作出明智的决策。其次，由于价值观的多样性，人们可能会面临理解和接受不同价值观的挑战。因此，传播主体的素质参差不齐，挑战着中华优秀传统文化传播的权威性。

在海量的信息资源中，受众只倾向于自己感兴趣的定制内容，不会主动关注和接收中华优秀传统文化的信息内容，而是更倾向于定制自己感兴趣的内容。这种趋势在年轻人中尤为明显。他们沉浸在数字化的世界中，更倾向于获取符合自己兴趣和需求的信息。社交媒体、短视频、新闻推送等平台成为他们获取信息的主要途径。然而，在这些平台上，他们更倾向于关注与日常生活、娱乐休闲、科技趋势等相关的信息，对于中华优秀传统文化的内容则显得相对冷淡。因此，我们更加需要创新传播方式，以吸引受众的注意力。可以尝试将中华优秀传统文化与现代元素相结合，创造出符合年轻人喜好的内容形式。通过故事化的叙述方式、有趣的视觉呈现、富有创意的互动体验等方式，让受众在轻松愉快的氛围中了解和接受中华优秀传统文化。

（二）圈层化削弱了中华优秀传统文化传播的影响力

相对封闭的圈层化亦即"闭环效应"阻碍了中华优秀传统文化的接收与传递，中华优秀传统文化的主导地位和传播力受到冲击。首先，闭环效应的表现为信息流通的封闭性。由于现代社会中信息的爆炸式增长，许多传统的文化信息在不断的传播过程中被忽视或遗漏。而与此同时，传统文化信息的主要传播渠道如书籍、广播、电视等媒体形式也因为信息传递的限制而逐渐萎缩。这就导致了传统文化信息无法得到及时更新和传递，使其在现代社会中的影响力逐渐减弱。其次，圈层化也导致了传统文化传承人的流失。随着城市化进程的加快，许多年轻人选择离开乡村，进入城市寻找更好的发展机会。这就使得许多中华优秀传统文化的传承人无法得到有效的传承和保护，导致中华优秀传统文化的流失。同时，由于现代社会的快速发展，许多中华优秀传统文化也面临着失传的风险。再者，闭环效应还表现在对传统文化认知的局限性上。在现代社会中，许多人对于传统文化的认知往往局限于某一特定的领域或时期，而对于其他领域或时期的传统文化知之甚少。这就使得传统文化在现代社会中的影响力受到了很大的限制。可见，相对封闭的圈层化现象对中华优秀传统文化的接收与传递造成了很大的阻碍。为了改变这一现状，我们需要采取一系列措施来打破这种闭环效应，如加强信息流通、保护中华优秀传统文化传承人、拓宽中华优秀传统文化的认知范围等。随着圈层规模的壮大以及个体对圈层依赖程度的增强，中华优秀传统文化传播有可能被"排挤"在所接收信息之外。

（三）碎片化侵蚀了中华优秀传统文化传播的完整性

用户生产模式的碎片化给中华优秀传统文化的传播带来了诸多新挑战。其一，传播内容碎片化消解了中华传统优秀文化的整体性。传播内容碎片化导致传统文化被切割成无数个碎片，每个碎片都只关注传统文化的一个方面，而忽略了整体性的联系。这种碎片化的传播方式使得传统文化失去了其内在的逻辑和结构，使得人们难以形成一个完整的认识。此外，这种碎片化的传播方式也使得中华优秀传统文化的精髓难以得到充分展现，难以让人们真正领略到中华优秀传统文化的魅力。加之自媒体内容发布形式自由、内容简单随意、主题连贯性差、语法逻辑和语义背景缺失严重。零碎的信息拼凑和海量信息堆积致使内容的相似度很高而关联程度极低，碎片化内容消解了传播内容的完整性，导致中华优秀传统文化的传播不到位，难以吸引人。

其二，受众认知碎片化弱化了中华优秀传统文化的主导性。媒介的变化影响并改变人们的认知能力以及思想结构。受众长期沉迷于碎片化信息，"扫描式阅读""跳跃式阅读""浅层阅读"成为常态。海量的碎片信息推送速度快、受众信息接触时间短且缺乏深度思考，制约了受众逻辑思维的发展，受众难以完整、准确地把握主流价值观，影响了中华优秀传统文化传播。

（四）泛娱乐化扰乱了中华优秀传统文化传播的辐射力

泛娱乐化将原本不应该具有娱乐性的事物妄加或强进行娱乐特征，从而导致该事物有着独特的消费文化样态，进而在根本上丧失了其本应具备的文化特征。一方面，泛娱乐化消解了受众的传统文化认同。在信息爆炸的时代，娱乐成为人们生活中不可或缺的一部分，各种综艺节目、网络剧、短视频等娱乐形式层出不穷，其中不乏对传统文化的演绎和解读。然而，泛娱乐化削弱了受众对传统文化的敬畏之心。在许多娱乐节目中，传统文化被轻浮地对待，被视为可以随意调侃和娱乐的对象。这种态度无疑使受众不再视之为神圣而珍贵的文化遗产。其次，泛娱乐化降低了中华优秀传统文化在公众心中的地位。在泛娱乐化的冲击下，许多受众开始对中华优秀传统文化的价值产生质疑，认为它已经过时，不再适应现代社会的需求。这种观念的传播，无疑降低了中华优秀传统文化在公众心中的地位，使它在现代社会中越来越边缘化。再者，泛娱乐化使得中华优秀传统文化失去了其原有的深度和内涵。在娱乐化的过程中，许多中华优秀传统文化被简化、浅薄化，甚至庸俗化。这种处理方式使得中华优秀传统文化失去了其原有的深度和内涵，使受众无法真正理解和欣赏它的价值。

非但如此，泛娱乐化文化中充斥着享乐主义、拜金主义、奢靡主义的思想内容，严重侵犯了受众的传统文化信仰、道德认知和价值认同。一方面，泛娱乐化加剧了传播文化与价值观边缘化。泛娱乐化对青年受众影响极大，歪曲着受众的历史观、文化观，弱化了受众的政治信仰、政治认同，严重挤占了中华优秀传统文化的传播渠道，造成了传播困难。

（五）西方话语霸权和意识形态的渗透，影响了对中华优秀传统文化传播的认同

随着对外开放和全球化的不断深化，文化交流日益频繁，

互联网已形成各种意识形态和社会思潮交流交融交锋的主战场和最前沿。其中西式民主自由、价值观念以及各种不良社会思潮的传播给传播文化带来了不小的冲击。首先，西方国家的网络平台大肆宣扬西式民主自由，宣称这是人类社会的终极理想。然而，这种理念的传播在无形中淡化了中华优秀传统文化的独特性和重要性，人们可能会忽视本土价值观和中华优秀传统文化的独特魅力。其次，西方国家的网络平台上还充斥着各种不良社会思潮。这些思潮往往强调个人主义和消费主义，鼓吹享乐至上，忽视社会责任和公共利益。这种价值观的传播可能导致社会道德观念的混乱，削弱社会公信力，甚至引发社会矛盾。此外，西方网络文化的渗透还给中华优秀传统文化的传播带来了不小的挑战。一方面，中华优秀传统文化在与西方文化的交流中，可能会受到冲击和排挤，导致中华优秀传统文化的认同感和自信心下降。另一方面，西方文化的强势入侵也可能会影响中华优秀传统文化的创新和发展，削弱对中华优秀传统文化传播的信仰和认同。

第六章

中华优秀传统文化传播优化的基本遵循

一、创造性转化

创造性转化，就是要根据时代特点和要求，对那些现在仍有借鉴价值的内涵和陈旧的表现形式加以改变，赋予其新的时代内涵和现代表现形式，激发其活力。创造性转化并不是创造新的，而是激发出中华优秀传统文化活力、创造出适应时代发展的文化表现形式。发扬中华优秀传统文化，真正发挥其相应的价值与作为，必须全面把握中华优秀传统文化。

（一）中华优秀传统文化的内在特点是创造性转化的基础

"中华优秀传统文化是中华文明的智慧结晶和精华所在，是中华民族的根和魂，是我们在世界文化激荡中站稳脚跟的根基。"[①] 中华优秀传统文化历经五千年风雨，实践证明其极具真理价值与现实意蕴，内含包容性的逻辑结构及与时俱进的发展理念，有着不同于其他文明的特征基因。

民族性是中华优秀传统文化中必不可少的特征，中国历史是由一代代炎黄子孙的民族精神凝聚而成的。民族性是一种文化基因，它深深地烙印在每一个中国人的心中。这种基因包含对家乡的热爱、对民族的自豪、对传统的尊重，以及对变革的接纳。这些元素交织在一起，构成了我们的民族性格，塑造了我们的行为准则，也塑造了我们的历史。民族精神汇聚成一条

---

① 《习近平在中共中央政治局第三十九次集体学习时强调把中国文明历史研究引向深入推动增强历史自觉坚定文化自信》，《人民周刊》，2022 年第 10 期，第 13 页。

坚韧不屈的河流：爱国、诚信、勤奋、友善、团结、创新……。这些精神不仅仅是道德规范，更是我们民族的灵魂，是我们文化的基石。它们激励着我们面对困难，勇往直前；激励着我们追求真理，探索未知；激励着我们尊重传统，同时也接纳新事物。

民族性不仅仅是一种文化现象，更是一种精神力量。它能够凝聚人心、抵御外敌，创造出一个又一个的辉煌历史。正是这种精神力量，使我们在困境中坚韧不屈，始终保持向前。每一次战争的胜利，每一次科技的进步，每一次社会的变革，都是这种精神的体现。正是因为这种精神的激励，我们才能战胜困难、实现梦想。它使中国的历史得以延续，使中华文化得以繁荣。中华五千年文化一脉相承，其中积淀着中华民族的精神追求，彰显着中华民族的精神标志。

（二）创造性转化是传承弘扬中华优秀传统文化的重要机制

文化融入不是单纯的理论说教，而是要融入思维与表达，激活价值认知与情感共鸣。

文化重要的功能之一就是道德教化。中华优秀传统文化以人为核心，以个体道德修养为基石，以社会伦理制度为引导，形成了一个富有深度和内涵的文化体系。它强调个人道德修养的重要性；它倡导人们通过学习、思考和实践提升自身的道德境界。孔子曰"己所不欲，勿施于人"，这一原则深入人心，成为人们日常行为的准则。个体通过反省自身，不断修炼内心，达到内心的和谐与平静。同时，个体也要对社会、对他人的行为负责，以实际行动展现出高尚的道德品质。中华优秀传统文化也强调知行合一的重要性。人们不仅要有道德观念，更要在实际生活中践行这些观念。通过自我约束和自我提升，个体能够逐渐形成良好的道德习惯，从而在日常生活中展现出高尚的道德风范。中华优秀传统文也强调社会伦理制度的构建。它主张建立公正、公平、公开的社会制度，以保障社会的和谐与稳定。例如，儒家思想中的"仁爱"原则，强调人与人之间的关爱和尊重，为构建和谐的人际关系提供了指导。同时，法律制度作为社会秩序的保障，也应当遵循公平、公正、公开的原则，以实现社会的公正与和谐。中华优秀传统文化倡导的社会伦理制度的构建也为个体提供了行为准则和保障，促进了社会的和谐与稳定。这种以人为核心的文化体系，体现了中华优秀传统文化的深厚底蕴和深远影响。

坚持创造性转化要立足于人民立场，在这一点上，中华优秀传统文化与马克思主义彼此一致。在中华传统文化中，有一个理想的社会模型，被称为"大同"。这个理想社会被描绘为一个和谐、公正、富饶、充满爱的世界，这与共产主义的理想追求有许多相似之处。"大同社会"人人平等，没有阶级之分；财富分配公平，没有贫富差距；人们和睦相处，互相关爱；教育普及，人人有学上、有发展。这个理想社会的核心价值是"天下为公"，强调的是人类共享、和谐共处的理念。共产主义的目标也是追求一个没有阶级、没有贫富差距、人人平等的社会。共产主义强调的是消除私有制，实现资源的公有化，以此来达到公平和共同富裕。共产主义还致力于提高生产力和改善人民的生活，通过消除剥削和压迫，实现人民的自由和平等。马克思主义对人的自由发展的强调和重视，构成了中国共产党人为世界谋大同的理论渊源。

传统文化也存在着一些与当下的社会建设不相融的部分，以马克思主义推动传统文化的创造性转化，能更好地实现传统文化的价值。对传统文化，我们用马克思主义的辩证观点进行创造性转化，使之融入当代社会。我们要保持开放和尊重的态度，既要看到其精华，也要看到其局限性。例如，儒家思想中的"仁爱"理念，对于构建和谐社会具有积极意义，但其中的"等级制度"则与现代社会平等观念相悖。因此，我们需要用马克思主义的批判性思维，对传统文化进行深入剖析，去其糟粕，取其精华。我们还要用马克思主义的实践观点，将传统文化与当代社会相结合，使其适应现代社会的节奏和需求。只有这样，才能真正让传统文化在现代社会中发挥其应有的作用，为构建和谐社会、推动社会发展提供强大的精神动力和文化支持。对中华优秀传统文化的创造性转化符合马克思主义的需要，可以巩固马克思主义在我国意识形态领域的主导地位，更加有效地建设中国文化自信。

二、创新性发展

中华优秀传统文化创新性发展是传承逻辑的必然。要对中华优秀传统文化进行扬弃，找准增长点和立足点，使其有机融入历史发展中，焕发出强大的软实力。

（一）中华优秀传统文化创新性发展为融会贯通世界文明提供新契机

"文明是平等的，人类文明因平等才有交流互鉴的前提。各种人类文明在价值上是平等的，都各有千秋，也各有不足。世界上不存在十全十美的文明，也不存在一无是处的文明，文明没有高低、优劣之分。"[①]世界文明与中华文明是整体与部分的关系，也是共性与个性的关系。文明是一个国家生命力的生动体现，文明背后的文化核心与经济、政治不同，必须不断

---

① 习近平：《文明交流互鉴是推动人类文明进步和世界和平发展的重要动力》，《求是》，2019年第9期，第6页。

审视自身的文明，不断更新其中的内涵，用新时代文明话语予以诠释。

中华优秀传统文化植根于五千年文明基因，文化的创新性发展在展现鲜明中国文化特色的同时吸收世界文明的优秀成果，展现出文化价值理念的世界性。从古至今，中华文化一直以其独特而深远的影响力在世界舞台上独树一帜。五千年的文明史，让我们见证了中华民族在不断的发展和变革中，传承与创新的中华优秀传统文化逐渐形成了强大的基因，彰显着鲜明而丰富的中国文化特色。从《诗经》的婉约，到《论语》的智慧，从秦汉的雄壮，到唐宋的繁华，再到明清的精致，中华文化的精髓一直深深地植根于我们的血脉之中。从诗词歌赋到建筑艺术，从民间工艺到道德伦理，中华文化在历史的洗礼中，以其坚韧和智慧，不断发展壮大。在新的历史时期，中华文化不断吸收新的元素，进行创新性发展。这种发展不仅没有失去其鲜明的中国特色，反而更加丰富了其内涵。从现代科技的应用，到全球化背景下的文化交流，中华优秀传统文化以其独特的魅力，展现了鲜明的中国文化特色。在吸收世界优秀文明的同时，中华优秀传统文化也在不断扩大其影响力。中国的发展模式、科技成就、教育理念等都为世界所瞩目。我们不仅积极借鉴和吸收其他文化的优秀元素，也在用我们的文化影响世界。这种文化交流和互鉴，使中华文化具有了世界文化的通用性。

在全球化时代，中华优秀传统文化以其深厚的底蕴和独特的魅力吸引着世界的目光。我们一定要珍惜这一宝贵遗产，让它在新的历史条件下不断发扬光大，为构建人类命运共同体贡献中国智慧、中国方案和中国力量。

我们要正确认识各国文化，欣赏和领会不同民族文化的精髓；要以扬弃的方式实现中华优秀传统文化创新发展。中华优秀传统文化的创新发展，具有本质的创新性质，因为它实现了批判继承和发展。这种创新，与中华文化深厚的底蕴和包容的精神分不开，也与世界文明的充分交流互鉴分不开。

中华文化的包容性，不仅体现在对各种思想、观念的接纳和融合，更表现在对不同文明交流互鉴的积极态度。这其中，中华文化的包容性是多元文化共存的基础。无论古今，中华文化始终保持着开放的心态，尊重并容纳各种思想和文化。儒家强调的"和而不同",道家倡导的"无为而治",都体现了中华文化对多元性的接纳和尊重。这种包容性不仅丰富了中华文化的内涵,也为各种文化的交流提供了平台。中华文化的包容性也为世界文明的交流互鉴提供了可能。在全球化的背景下,各种文明之间的交流日益频繁,中华文化以其深厚的底蕴和包容的精神,为世界文明的交流提供了广阔的舞台。无论是古丝绸之路的商贸往来,还是新时代的文化交流,中华文化都以其独特的魅力吸引着世界各地的目光。这种交流并非简单的融合或同化,而是在尊重差异的基础上实现共同发展。未来,随着全球化的深入发展,中华文化将继续发挥其包容性的优势,与世界文明进行充分的交流互鉴。我们应该积极推动各种文化的交流,促进文化的多元化发展,让世界更好地了解和认识中华文化。同时,我们也要保持自身的独立性和创新性,不断探索新的文化发展方向,让中华文化在世界文明的交流互鉴中焕发出新的活力。因此,立足于世界文明的视角和胸怀,充分把握创新性发展是弘扬中华优秀传统文化的历史必然,有着巨大的理论逻辑与实践逻辑。

（二）中华优秀传统文化创新性发展是推动中国式现代化的应有之义

创新发展中华优秀传统文化，并使之与当代文化相适应，可以有力助推中国式现代化发展。反之，建设中国式现代化的征程上，也需要中华优秀传统文化创新发展。

中华优秀传统文化的创新性发展是适应时代发展的必然要求。随着经济全球化的加速和中国经济的快速发展，中华优秀传统文化也面临着来自全球各种文化的冲击和挑战。在这种情况下，只有通过创新性发展，才能使中华优秀传统文化更好地适应时代发展的需要，更好地服务于国家的发展和人民的幸福。中华优秀传统文化的创新性发展也有助于提升国家文化软实力。文化是一个国家的软实力，也是一个国家综合国力的重要组成部分。通过推动中华优秀传统文化的创新性发展，我们可以更好地向世界展示我们国家的文化底蕴和文明风采，增强国家的文化自信和影响力。中华优秀传统文化的创新性发展也有助于推动社会进步和人民幸福。中华优秀传统文化是我们的根和魂，只有通过创新性发展，才能使它更好地服务于社会进步和人民幸福。通过弘扬中华优秀传统文化，我们可以更好地传承和发扬中华民族的优秀传统，增强民族凝聚力和向心力，为社会的和谐稳定和人民的幸福生活提供有力的文化支撑。

党中央高度重视中华优秀传统文化的继承与创新，主张推动中华优秀传统文化创造性转化、创新性发展，以时代精神激活中华优秀传统文化的活力。中华优秀传统文化的发展前景向好，保持文化创新性发展的品格更有利于中国式现代化的加速发展。创新性发展中华优秀传统文化，是走中国式现代化道路的必然之路。

同时，进一步推动中华优秀传统文化创新性发展也将不断增强中国式现代化的厚度，使其能够行稳致远。中国式现代化是在中华优秀传统文化的滋养下，结合现代科技和社会发展而形成的独特发展道路。推动中华优秀传统文化的创新性发展，就是为中国式现代化注入新的活力。创新性发展中华优秀传统文化需要我们不断挖掘其现代价值，将其与现代社会、科技、文化等元素相结合，从而形成新的文化形态。这不仅可以丰富传统文化的内涵，也可以为现代化建设提供新的思路和方法。推动中华优秀传统文化的创新性发展，也需要我们加强对传统文化的保护、传承和创新。保护传统文化，不仅需要我们对传统文化有深入的了解和热爱，也需要我们采取有效的措施来保护和传承这些珍贵的文化遗产。同时，我们也需要不断创新传承方式，使中华优秀传统文化能够适应现代社会的需求和变化。我们需要将创新性发展的中华优秀传统文化融入中国式现代化的各个领域中。这不仅需要我们在经济、政治、文化等各个领域中融入中华优秀传统文化的元素，也需要我们通过教育、宣传等方式，使中华优秀传统文化深入人心，成为社会普遍的价值观念和行为准则，在与马克思主义思想精髓有机贯通中战胜各种错误社会思潮对中国式现代化的侵蚀，有效推动中华民族伟大复兴。

（三）中华优秀传统文化创新性发展促进了人类命运共同体的创新

人类命运共同体理念是新时代中华优秀传统文化创新性发

展的重要成果，是中华优秀传统文化协和万邦理念的现代化诠释。蕴藏在中华优秀传统文化中的治理理念，促进了人类命运共同体理念应运而生。

人类命运共同体的内在含义，是构建人类命运共同体，构建持久和平、普遍安全、共同繁荣、开放包容、洁净美好的世界。纵观历史长河，玄奘西行、郑和下西洋等都是国际文化传播交流的典范。习近平总书记提出的"人类命运共同体"理念传承了中华文化几千年的外交智慧，创新发展了马克思关于自由人联合体的思想。中国共产党基于马克思主义世界观，创新发展"和而不同"理念，把马克思主义基本原理同中国实际相结合、同中华优秀传统文化相结合。

中华优秀传统文化创新性发展为人类命运共同体理念的建立提供了中国表达，进一步升华了马克思主义解放全人类的通用理念。这种发展不仅保留了传统文化的精髓，还结合了现代社会的需求，为全球发展提供了新的思路和方向。在传统文化中，和谐是一种追求，旨在实现人与自然、人与社会、人与人之间的和谐共处。这种理念在现代社会中仍然具有重要意义，因为它强调了人类与环境的共生共荣，以及各国之间的合作共赢。人类命运共同体理念正是基于这种理念而提出的，它强调了全球范围内的合作与共赢，以应对全球性挑战。中华优秀传统文化中的创新精神为人类命运共同体理念提供了新的表达方式。传统文化中的创新精神强调对于旧有观念和制度的突破，以及对于新事物、新思想的探索和尝试。这种精神在现代社会中仍然具有重要意义，因为它鼓励人们勇于探索、敢于创新，以应对不断变化的世界。人类命运共同体理念正是基于这种精神而提出的，它鼓励各国在文化、科技、经济等多个领域进行合作与创新，以实现共同发展。中华优秀传统文化与马克思主义的解放全人类理念相融合，为人类命运共同体理念提供了更加广泛和深入的内涵。马克思主义强调了人类的解放和自由，认为只有通过消除剥削和压迫，才能实现真正的自由和幸福。中华优秀传统文化则强调了人与自然的和谐共生，以及人与人之间的互助互爱。这种融合为人类命运共同体理念提供更加广泛和深入的内涵，它不仅关注人类的物质需求，还关注人类的精神需求，旨在实现人类全面自由的发展。中华优秀传统文化创新性的人类命运共同体理念站在全人类共同发展的高度，为万世开太平的传统文化底蕴，在人类命运共同体构建中贡献了中国智慧与中国方案。

就传承发扬中华优秀传统文化而言，创造性转化和创新性发展都是促进中华民族文化复兴的重要环节。促进中华优秀传统文化创造性转化、创新性发展，是中华优秀传统文化延续内在特征的表现，更是现代化发展视域下实现中华民族伟大复兴的现实需要。总之，只有实现中华优秀传统文化创造性转化、创新性发展，才能使中华优秀传统文化真正活起来，使之以全新的姿态走向现代社会、走向现实生活，为实现中华民族伟大复兴注入文化血液。

第七章

中华优秀传统文化传播优化的路径

一、深化价值引领

　　中华优秀传统文化是中华民族的智慧结晶和精髓所在，是中华民族的根和魂，是我们在世界文化激荡中站稳脚跟的根基。文化源于人们的实践活动，又不断规范和引导着人们的实践活动。在当今时代，文化的竞争是人类竞争的高级形态，要从国家竞争、民族发展的战略高度和长远角度来定位和推进中华优秀传统文化。人民有信仰，国家就有力量，民族就有希望。每一个传播主体对中华优秀传统文化都要心存敬意、心怀敬仰，在传播过程中要慎之又慎，明白任何草率行为都是对传统文化的破坏，从而造成不良影响。

中国特色社会主义文化，源自于中华民族五千年文明史所产生的中华优秀传统文化，熔铸于党领导人民在革命、建设、改革中所创造的革命文化和社会主义先进文化，植根于我国特色社会主义伟大实践。中华优秀传统文化是中华民族绵延发展的精神支柱，是中华民族的文化基因。当前全球化经济发展趋势仍势不可挡，科技、资本和生产要素全球流动，各国政治、经济文化联系密切，知识型竞争愈演愈烈，文化发展和复兴也应融入其中成为我国在全球综合国力竞争中的战斗力。因此，我们更要重视中华优秀传统文化对社会和个人的价值导向功能，并运用多种技术手段全面系统地阐述了中华优秀传统文化，以反映中华民族的软实力。

二、强化供给体系

（一）优化内容供给

内容决定着浏览量，"内容为王"才是有效传播的法宝。

要做好中华优秀传统文化当代传播，政府和主流媒体应正本清源，找准载体，培养高素质的中华优秀传统文化传播队伍，策划、制作高质量的中华优秀传统文化内容，淡化商业、娱乐的功能，形成更加注重知识传播的文化品牌。

首先，政府应该加强政策引导，为中华优秀传统文化传播提供有力保障。政府应该出台相应政策，鼓励和支持中华优秀传统文化的探索、传承与创新，为中华优秀传统文化传播提供资金、人才和政策等方面的支持。同时，政府还应该加强对中华优秀传统文化的保护和传承，防止中华优秀传统文化资源的流失和破坏。

其次，主流媒体应该加强中华优秀传统文化的传播力度，提高中华优秀传统文化的社会影响力。主流媒体应该加强对中华优秀传统文化的报道和宣传，通过各种形式和渠道，如电视、广播、报纸、网络等，向广大人民群众传播中华优秀传统文化知识、价值观和精神内涵。同时，主流媒体还应该加强对中华优秀传统文化的创新性传播，通过现代技术和手段，将中华优秀传统文化与现代社会相结合，增强中华优秀传统文化的时代感和吸引力。为了实现这个目标，主流媒体需要找准中华优秀传统文化的载体。具体来说，可以借助影视作品、综艺节目、纪录片等文化产品来传播中华优秀传统文化。例如，可以制作一些以中华优秀传统文化为主题的影视作品，通过生动的表现形式，使观者了解中华优秀传统文化的历史、艺术和价值。同时，也可以借助综艺节目和纪录片等平台，将中华优秀传统文化与现代社会相结合，向观众展示中华优秀传统文化的魅力。此外，主流媒体还可以通过举办中华优秀传统文化活动来传播中华优秀传统文化。例如，可以组织一些文化节、展览、讲座等活动，邀请专家学者、文化名人等来参加，向广大人民群众展示中华优秀传统文化的魅力。同时，也可以通过网络直播等形式，将中华优秀传统文化活动传播到更广泛的受众群体中。

总之，政府和主流媒体在中华优秀传统文化当代传播中发挥着至关重要的作用。政府和主流媒体应该加强合作，共同推动中华优秀传统文化的传承和创新，为中华民族的文化繁荣作出更大的贡献。例如近年来，以《中国诗词大会》《国家宝藏》等为代表的一批电视节目，成功地将中华优秀传统文化引入现代社会，以其独特的切入点和传播方式，吸引了广大观众的关注和喜爱。这些节目以其深厚的文化底蕴、生动的表现形式和新颖的传播方式，为提升人们对中华优秀传统文化的兴趣和热忱，提供了重要的借鉴与启示。

首先，《中国诗词大会》等栏目，寻找到了中华优秀传统文化的切入点。中华文化源远流长，诗词、书画、音乐、建筑等都是其重要的组成部分。这些节目以诗词为切入点，以大众喜闻乐见的方式，将深奥的中华优秀传统文化以通俗易懂的方式呈现给观众，让人们在轻松愉快的氛围中领略中华优秀传统文化的魅力。同时，通过竞赛的形式，让观众在参与中感受中华优秀传统文化的力量和美感，从而激发他们对中华优秀传统文化的兴趣和热爱。其次，这些栏目注重创新传播方式，借助现代科技手段，让中华优秀传统文化得以更好地传播和传承。如《国家宝藏》等节目，通过 3D 建模、VR 等技术，让观众可以更直观地感受文物的魅力，拉近了现代人与中华优秀传统文化之间的距离。这种新颖的传播方式，既满足了现代人对精神文化的需求，又为中华优秀传统文化的传播与发展提供了全新的思路。最后，这些栏目在引导人们了解和亲近中华优秀传统文化的过程中，也提升了人们的文化自信。通过这些节目，人们可以更深入地了解中华优秀传统文化的内涵和价值，进而提高对自身文化的认同感与自豪感。这种文化自信的提升，不仅有利于个人素质的提高，也有利于整个社会的文化繁荣和发展。

因此可以以这些栏目为样本，不断丰富平台项目，融入传统服装、建筑文化、美食等内容，全面深入地展现中华优秀传统文化的历史韵味。以中国的传统服装为例。从古至今，人们穿着的服装不仅代表着身份地位，更承载着历史与文化的内涵。传统的汉服、唐装、旗袍等都是极具代表性的服装。汉服以宽大为美，线条流畅，色彩明快；唐装则以雍容华贵著称，色彩艳丽，图案丰富；旗袍则以简约为主，凸显女性的曲线美。这些传统服装的色彩、图案、材质等都蕴含着丰富的文化内涵，是中华优秀传统文化的重要组成部分。中国的传统建筑文化同样独具特色，从古至今，各种建筑风格层出不穷。古代的宫殿、庙宇、园林等都是极具代表性的建筑。宫殿建筑以宏伟壮观著称，讲究对称，色彩华丽；庙宇则以庄重肃穆为主，注重神韵；

园林则以山水为主题，讲究意境之美。这些传统建筑不仅具有实用价值，更是一种艺术表现形式，是中华优秀传统文化的重要载体。中国的美食文化更是令人耳目一新，各种美食层出不穷。从南方的米饭、粽子、汤圆等主食，到北方的面食、饺子等小吃，再到各地的特色菜肴，都是中华美食的重要组成部分。在烹饪方法上，中华美食更是丰富多彩，包括炒、煮、蒸、炸等。这些美食不仅美味可口，更是一种文化传承，是中华优秀传统文化的重要表现。为更好地继承和发扬中华优秀传统文化，我们必须不断地融合与创新。一方面，我们可以将传统服装、建筑和美食元素与现代时尚、艺术和生活方式相结合，创造出符合现代审美和文化需求的新形式；另一方面，我们也可以通过各种形式的文化交流与传播，使更多的人认识和认识中华优秀传统文化，增强其影响力，使传统文化在新的时代背景下焕发新的生机与活力。

但是在这个过程中，要特别做好内容审核工作，对传播主体和终端进行备案登记，提高传播门槛，制定传统文化传播的准入制度和退出制度，对错误传播、违规传播、恶意传播的媒介进行及时审查和清理。

（二）优化话语体系

要突出表达方式的生动性。深入研究传播规律，充分挖掘能够引起受众兴趣、引发受众共鸣的文化热点。如果是用视频方式传播，就要精心设置时长、音乐和场景，配上符合受众心理需要的流行语，巧妙地将中华优秀传统文化融入视频脚本和内容中。要从"宏大叙事"向"日常生活"转向，从而增强中华优秀传统文化传播的吸引力和感染力。

以当下流行的短视频来说。短视频的核心在于内容，只有具有创新性和独特性的内容才能吸引用户的关注。要挖掘出独特的视角和内容，避免同质化，打造出属于自己的独特风格。短视频的主要传播方式是视觉观看，因此视觉效果的好坏直接影响到用户是否愿意继续观看。通过精美的画面、清晰的镜头和富有创意的剪辑，可以提高视频的吸引力。短视频的节奏要适中，过长或过短的节奏都会影响用户的观看体验。要把握好视频的节奏，使其与用户的注意力保持一致。短视频的互动性也是其传播的重要因素之一。通过在视频中加入互动元素，如评论、点赞、分享等，可以提高用户的参与度，增强短视频的传播效果。

同时，要挖掘热门话题，紧跟当下的社会热点和流行趋势，发掘与这些热点相关的话题，将这些话题融入自己的短视频中，能够吸引更多用户的关注。也要从日常生活中发掘有深度的故事和情感，以细腻的视角捕捉人文元素，引发用户的共鸣和思考。还可以挖掘所在地区的地方特色和文化底蕴，将地方美食、风景、人文等元素融入短视频中，可以打造出具有地域特色的短视频内容。总之，要通过创新的方式把传统文化融入短视频中，使传统文化焕发新的生命力，同时也能吸引更多年轻人关注和喜爱中华优秀传统文化。在制作好短视频之后，还需要进行有效的营销推广。可以利用社交媒体、短视频平台等渠道进行推广，同时可以参加相关的活动和比赛，提高短视频的曝光度。

（三）丰富供给形式

综合利用传统媒体与新兴媒介的优势。二者各有所长，唯有二者融合发展，才能发挥最大作用并形成传播合力。在发挥传统媒体主流传播作用的同时，应充分运用新媒体手段进行有效传播，对优质资源进行全媒介转换，进行书本、音频、视频等方式的全景呈现，培育中华优秀传统文化传播的"大 V"，打造重要"IP"，塑造传统文化的"新面孔"。

传统媒体具有权威性、可信度高、覆盖面广等优点，但同时也面临着传播形式单一、互动性不强等挑战。而新媒体如社交媒体、网络直播等，具有传播速度快、互动性强、形式多样等优点，但也存在着信息质量参差不齐、监管难度大等问题。因此，在发挥传统媒体主流传播作用的同时，应充分运用新媒体手段进行有效传播，实现传统媒体与新媒体的有机结合。传统媒体应积极探索新媒体传播方式，创新传播形式。传统媒体可以通过短视频、直播等形式，展示传统文化，增强与观众的互动性。传统媒体还可以与新媒体平台合作，共同策划、制作有吸引力的传统文化内容，实现资源共享、互利共赢。

传统媒介和新媒介的融合发展是未来趋势，传统媒介还应积极探索与新媒体平台的合作模式，如建立战略合作伙伴关系、共同开发新媒体产品等。同时，传统媒体还应注重加强与新媒体平台的互动，及时了解观众的需求和反馈，不断改进和完善传播方式。总之，传统媒体应积极探索新媒体传播方式，创新传播形式，更好地发挥传统媒体的主流传播作用，实现传统媒体与新媒体的有机结合，提供更加丰富、多元、高质量的传统文化传播。

同时，将传统文化资源进行全媒介转换，融合纸质书、音频、视频等方式，不仅能够打破传统文化的传播界限，还能使其以一种全新的方式进入公众的视野。书是传统文化传播的重要媒介之一，通过精心编写的文字，可以让读者在轻松的阅读中了解传统文化。为了提高吸引力，我们可以结合图片、图表等视觉元素，以及引用诗词、故事等，使内容更具吸引力。同时，我们还可以在书中加入二维码，扫描即可观看相关的视频或音频内容，实现书本与多媒体的有机结合。音频是另一种能够让传统文化深入人心的媒介。通过录制诗朗诵、古曲演奏、历史故事讲述等音频内容，可以让听众在闲暇时随时随地聆听传统文化，享受沉浸式的体验。为了提高音频的品质，我们可以邀请专业人士进行录制，确保声音清晰、音质优良。同时，我们还可以在音频中加入背景音乐、旁白等元素，增强听众的沉浸感。视频是展示传统文化最直观的方式之一。通过拍摄纪录片、短片、宣传片等视频内容，可以生动直观地展示中华优秀传统文化的魅力。为了提高视频的观赏性，我们可以结合特效、动画等视觉元素，以及现场实景拍摄、人物访谈等元素，使视频内容更具吸引力。我们还可以利用大数据和人工智能技术，对受众进行分析和挖掘，为不同受众群体提供个性化的内容和推广方案。持续更新内容和优化传播方式，保持中华优秀传统文化的活力和新鲜感。

这方面，可以参考故宫文创的模式，进行系列产品开发，将中华优秀传统文化融入人民生活，充分彰显中华优秀传统文化魅力。不仅弘扬历史，而且为现代生活增添独特韵味。

2013 年 8 月，北京故宫举办以"把故宫文化带回家"为主题的文创设计大赛。此后，"奉旨旅行"行李牌、"朕就是这样汉子"折扇等各路萌系路线产品，使 600 岁的故宫以一种前所未有的姿态变得年轻。除了在文创上的努力，"胤禛美人图""紫禁城祥瑞""皇帝的一天"等数十种 App 的开发极具趣味，瞬间收揽了一大拨儿故宫忠实粉。2014 年，一篇《雍正：感觉自己萌萌哒》的文章火爆网络。

2016 年出的爆款纪录片《我在故宫修文物》与随后的《国家宝藏》《上新了·故宫》等节目的播出，使故宫开始走入寻常百姓家。

怎样让历史"平易近人""生动好玩"，是故宫"网红"进阶史上的主要话题。而文创也在故宫探索网红之路上起到了很关键的作用。故宫文创能做到如今的标杆地位，是多个方面共同发力的结果。在传播方面可以借鉴的主要有两点。

首先，创意切进年轻人市场。在 2013 年开启文创市场之后，故宫淘宝、故宫天猫旗舰店的网店使故宫文创的销量大增，这使不去故宫的人也能够获得故宫文化的创意。其次，走心的营销。拥有颇具创意的产品，营销也自然无法落后。故宫文创除大约六个不同品牌的研发销售渠道之外，微信公众账号、微博等媒介大爆推文也是一次次冲向热搜的利器。《朕生平不负人》《够了！朕想静静》加上颠覆形象的"卖萌"君王，不但使人们重新认识了历史，还因为有趣的故事增加了消费者的购买欲望。正是由于这样的精益求精，使故宫文创产品不但进入了寻常百姓家，而且进入了收藏领域，有的参加大会比赛获奖，有的甚至经常作为国礼送给外国领导人，实现了传统文化成功的对外传播。

故宫用精益求精的心态、不断创新的精神把中华优秀传统文化和时代审美融合起来，使中国文物彻彻底底地"活了起来"。在全民坚守文化自信、民族意识觉醒的近几年，故宫文创恰到好处地切合了人们对传统文化的喜爱和期待，并利用文化创意为观众架起了一个沟通文化的桥梁、奉上了一个绝美的文化盛宴。

故宫文创成功给我们很多启发。我们可以用传统文化建筑、文物为设计元素打造独具特色的文具套装，包括笔、笔记本、橡皮擦等。以传统文化建筑、文物为主题的陶瓷餐具，既美观又具有实用性。以传统文化建筑、文物为主题的文创周边产品，如手机壳、钥匙扣、杯垫等。以及以传统文化建筑、文物为主题的绘本，通过生动的图画和简洁的文字，让孩子们了解历史。

在推广策略上，可以利用社交媒体、网络平台、实体店等多种渠道进行宣传。同时与学校、社区合作，举办讲座、展览等活动，让更多的人了解和喜爱中华优秀传统文化。为了确保产品的质量和独特性，我们可以与专业的设计师、画家、制作团队等进行合作。同时，我们也可以借鉴故宫文创的成功经验，例如与知名品牌进行联名合作，推出限量版文创产品等。

三、树立技术思维

当前，智能技术影响着信息传播的过程和网民的价值认知。基于此，如何看待中华优秀传统文化传播与新兴技术的关系，很大程度上决定了传播工作的今后走向。我们要建立中华优秀传统文化传播的技术思维，具体而言就是要树立以下两种思维。

其一，中华优秀传统文化传播的技术嵌入思维。工欲善其事，必先利其器。中华优秀传统文化传播工作切不可视新兴技术为"洪水猛兽"，而是应果断拥抱新兴科技，在中华优秀传统文化传播过程中敢于将最新的技术研发成果应用于传播的发起、反馈、分析等各个环节。可以利用大数据、云计算等技术，对中华优秀传统文化资源进行数字化管理，建立数字博物馆、虚拟图书馆等，便于人们随时随地访问和了解。运用人工智能、语音识别等技术，开发智能导览、语音讲解等应用，为游客提供传统文化旅游点的个性化的参观体验，提升游客满意度。通过各种在线平台和移动终端收集用户行为数据，如浏览、点赞、评论等，为后续分析提供数据基础。运用数据挖掘技术，分析用户需求、兴趣、偏好等，为传播策略的调整提供依据。结合数据挖掘结果，运用可视化工具进行深入分析，找出传播效果不佳的原因，为后续优化提供参考，不断优化传播内容，提高信息质量，以满足用户需求。

其二，中华优秀传统文化传播的技术导向思维。新兴技术既具备工具理性，也具备价值理性。在中华优秀传统文化传播中应用新兴技术，要切实做到以社会主义核心价值观把控新兴技术的设计、研发、生产、应用、调适全过程，确保新兴技术的价值理性高于工具理性，防范"技术怪兽"的出现。

具体而言，在技术设计阶段，我们应该注重创新和公平。

创新是新兴技术发展的核心动力，我们需要鼓励各种新颖、独特的想法，同时也要警惕过于追求商业利益而忽视社会价值的问题。在追求技术创新的同时，我们也要关注公平性，确保技术的设计和应用能够惠及所有社会群体，而不是仅仅被少数人所垄断或利用。在技术研发阶段，我们需要坚守道德和法治的底线。新兴技术往往涉及大量的数据和算法，这些算法可能会被用于操纵人心、侵犯隐私等不良目的。因此，我们必须坚守道德和法治的底线，确保技术的研发过程和结果符合社会期待和法律规定。在技术生产阶段，我们应该注重环保和社会责任。新兴技术往往需要大量的能源和资源来生产，因此我们必须关注生产过程中的环保问题，避免过度消耗资源和污染环境。同时，我们也要关注生产过程的社会责任，确保技术的生产和使用能够为社会带来正面的影响，而不是产生负面影响。在技术应用阶段，我们应该弘扬人文关怀和公共利益。新兴技术的应用应该以人为本，关注人的需求和利益。我们不能为了追求商业利益而忽视用户的需求和权益，也不能让技术成为侵犯他人权益的工具。相反，我们应该通过人文关怀和公共利益的角度来应用技术，确保技术的使用能够促进社会的进步和发展。在技术调适阶段，我们需要及时反馈和持续改进。新兴技术在应用过程中可能会遇到各种问题，我们需要及时收集反馈，了解技术的实际效果和社会影响。同时，我们也要根据反馈信息不断改进技术，使其更好地符合社会主义核心价值观和社会期待。

四、加强队伍建设

做好中华优秀传统文化传播，关键在队伍建设。

排在首位的是要提升传播主体素质。

首先，要加强对中华优秀传统文化传播的领导管理。坚定政治立场是开展中华优秀传统文化传播工作的基本前提。在传播中华优秀传统文化的过程中，要始终保持清醒的头脑，遵循国家的法律法规，尊重民族团结，坚决抵制任何文化虚无主义。只有这样，我们才能获得人民群众的信赖与支持，为中华优秀传统文化传播工作打下坚实的基础。在中华优秀传统文化传播工作中，要始终坚持党的领导，加强与各级组织的沟通协调，积极响应党的号召，为中华优秀传统文化传播工作提供有力的政治保障。

其次，把握传播的基本规律。包括规律特点、运行机制、注意事项，提升自身的传播素养，成为管理中华优秀传统文化传播的行家里手。要了解传播的本质是信息的传递，无论是口口相传、文字传播、电子媒介等，都是为了实现信息的有效传递，所以高密度有效信息是传播成功的关键。要知道传播的效果取决于受众的接受程度，因此，了解受众的需求、兴趣和习惯至关重要。也要知道传播是一个循环过程，需要不断地收集反馈，以便调整和优化传播策略，因而在任何一个环节都不能掉以轻心。要知道传播的运行渠道包括口头、书面、电子、社交媒体等多种渠道，应根据目标受众和传播内容选择合适的渠道。应注重信息的真实性、准确性、生动性，以提高受众的接受度和参与度。应考虑受众的注意力集中时间、信息传播的时效性等因素，以实现最佳传播效果。

这其中，主流媒体机构任重道远。主流媒体机构应该加强对中华优秀传统文化的报道和研究，不断推出有深度、有新意、有感染力的报道和各种议题。这包括挖掘中华优秀传统文化的内涵、展现中华优秀传统文化的魅力、关注中华优秀传统文化在现代社会中的应用等方面。通过精心策划、组织和传播，主流媒体机构可以将中华优秀传统文化传播与现代社会有机结合，提高公众对传统文化的认知度和认同感。主流媒体机构积极开展文化交流活动，加强与国际社会的互动与合作。通过举办文化论坛、文化节庆、文化交流互访等活动，主流媒体机构可以展示中华优秀传统文化的独特魅力，增强国际社会对中华优秀传统文化的理解和认同。同时，也可以通过与其他国家和地区的媒体机构合作，共同推动中华优秀传统文化的传播和发展。主流媒体机构也应该加强自身建设，提高媒体素养和专业技能。在传播中华优秀传统文化的过程中，主流媒体机构需要具备敏锐的洞察力和深刻的思考能力，能够准确把握中华优秀传统文化的内涵和价值，同时也要具备现代传播手段和技巧，能够有效地将中华优秀传统文化传递给广大受众。主流媒体机构还应该积极引导社会舆论，营造良好的文化氛围。在传播中华优秀传统文化的过程中，积极引导社会舆论，发扬正能量，营造良好的文化氛围。同时，也需要关注社会热点问题，及时回应公众关切，引导公众正确认识和理解中华优秀传统文化。

同时，还要注意提升自身的传播素养。要具备对信息的获取、处理、分析、传播的能力，能准确理解和表达信息。要增强沟通能力，应具有良好的口头和书面表达能力，能有效地与他人沟通和协调。要掌握媒体运用技巧，了解各种媒体的特点和运用方式，能够根据传播需求选择合适的媒体。要增强团队协作能力，能够与其他传播人员合作，共同实现传播目标。还要随着科技的发展和传播环境的不断变化，需要保持对新的传播方式和技术的关注和学习。同时，在传播中华优秀传统文化时，应尊重各种文化的差异性。

具体来说，要立足新形势，打造与时俱进的传播队伍。另一方面，应强化中华优秀传统文化传播队伍的后备人才培养机制，从而为中华优秀传统文化传播工作提供新的智慧和力量。同时，建立一套完整的中华优秀传统文化传播教育体系。通过在各类教育机构中开设中华优秀传统文化课程，普及中华优秀传统文化知识，培养人们的文化自信和认同感。同时，注重实践教育，通过组织各种形式的中华优秀传统文化实践活动，如文化节、民俗表演等，让人们亲身感受中华优秀传统文化的魅力。挖掘和培养一批优秀的中华优秀传统文化传播人才。他们应该具备扎实的传统文化知识、良好的沟通能力和创新思维。可以通过举办培训班、提供实习机会、建立人才库等方式，吸引和培养更多的人才。同时，建立一套完善的激励机制，鼓励人才发挥他们的创造力和创新精神。比如举办中华优秀传统文化宣传大使选拔赛，鼓励人们积极参与中华优秀传统文化的传承和推广。通过这种方式，可以让更多的人意识到自己在传承中华优秀传统文化中的重要作用，增强他们的使命感和责任感。

扶持能发挥正能量的意见领袖，合理利用他们的中介和过滤功能。新媒体时代，意见领袖发挥着至关重要的作用。他们以其独特的洞察力和影响力，塑造着公众的认知，引导着社会舆论。如何合理利用意见领袖的中介和过滤功能呢？首先需要有意识地寻找那些具有正面影响力、具有独立思考能力、能够提供建设性意见的意见领袖。然后通过对话和交流，更好地理解他们的观点，同时也为他们提供反馈和指导，增强他们的社会责任感。随着环境的变化，意见领袖的观点和影响力也会有所改变。我们需要定期评估他们的表现，根据反馈结果调整我们的扶持策略。

但是意见领袖对传统文化传播有正反两个方面的影响。因此，也要打击无良自媒体等群体的非理性言行。它们利用其影响力，发表不实言论、恶意攻击他人、散播谣言等不良行为，对社会和个人造成不良影响。要加强对自媒体内容的监管，对于虚假、恶意、攻击性的内容进行限制或删除。此外，自媒体从业者应自觉遵守法律法规和行业规范，提高自身素质和道德水平，积极传播正能量。在这个过程中，还要提高公众对自媒体规范和法律法规的认识，倡导理性看待自媒体言行，避免盲目跟风和情绪化反应。

五、关注用户需求

（一）基于用户需求优化内容

传统文化传播要充分尊重受众，了解受众的需求，在合理的范围内将满足受众需要作为落脚点。尤其在以短视频形式进行传播时，满足用户的需求才能吸引更多的用户参与，形成良好的传播效果。在制作短视频时，应根据目标用户的兴趣和喜好来制定内容策略，在此基础上，注重视频的质量和视觉效果，提供有趣、生动、吸引人的视觉体验。通过用户反馈和数据分析，了解用户对视频的评价和需求，不断优化内容，提高用户体验。此外，短视频的互动性是其吸引用户的重要因素之一。用户可以通过点赞、评论、分享等方式与视频内容进行互动，表达自己的观点和感受。在制作短视频时，应注重与用户的互动，及时回应评论和反馈，增加用户的参与感。同时使用大数据技术，采用个性化推荐算法，根据用户的兴趣和行为习惯，推送相应的视频内容。而通过讲述感人至深的故事、展示美好的瞬间或传递积极向上的价值观，可以激发用户的情感共鸣，增强用户对视频内容的认同感和归属感。同时，情感共鸣也可以促进用户之间的交流和分享，形成良好的社交网络，进一步助推中华优秀传统文化传播。

（二）推进分众传播，提升传播技术的赋能力度

分众传播是在大众传播基础上发展出来的，是针对受众差异化的需要，按需供给信息的传播形态。推进中华优秀传统文化传播，就要满足受众多元化、个性化的信息需要，做好分众传播。

一是优化技术支持。用马克思主义价值观驾驭算法，使算法为中华优秀传统文化传播服务。为此，要加大信息技术专业人才的引进和培养力度，为中华优秀传统文化传播量身定制算法。要将中华优秀传统文化传播植入算法的设计、研发、应用的全过程，促使其在推荐个性化内容的同时，兼顾中华优秀传统文化内容的推送，为提高传统文化传播的传播精度和效度提供技术支持。二是优化内容支持。要把主流价值观的内容注入算法推荐池，调整信息分配比例，坚持马克思主义的指导地位，阐释好、传播好中华优秀传统文化，强化其针对性和亲和力，盘活其对中华优秀传统文化传播的引领功能。三是优化平台支撑。既要发挥大众媒体的权威优势，也要发挥专业媒介在分众

化、垂直化传播的重要作用，使其共同服务于中华优秀传统文化传播。此外，各级党委和政府应明确责任意识，加强中华优秀传统文化传播阵地意识，加强中华优秀传统文化传播阵地建设，做到守土有责、守土尽责，努力拓展中华优秀传统文化传播空间。

（三）增强用户的沉浸式体验

随着数字科技的蓬勃发展，现代互联网和人工智能的普及，新媒体的设计语言与传统媒体有着明显的区别，并且更加注重增强用户的沉浸式体验。相比传统的静态语言，短视频能够以一帧帧的画面给用户带来更直观的视觉体验。运用多样的视觉效果、剪辑手法和特效技术，打破传统媒体的限制，创造出丰富多彩、生动鲜活的视觉效果。在制作短视频的过程中，创作者可以运用 AR、元宇宙等各种创新的元素和技术，吸引用户的注意力，并引发情感共鸣；或者通过音乐、画面设置、角色表演等手段来提升用户的情感体验，鼓励用户参与情感化内容的创作与表达。

（四）增强媒介素养，提升受众的判断力

媒介素养是指人们解读、辨别、运用媒介信息的综合能力。提升受众的素养，一是增强受众的信息鉴别能力。网络信息鱼龙混杂，受众在负面思想的影响下容易丧失原有的辨别力。主流媒体应根据网络舆论动态及时回应网民关切的热点，适时加以解读和引导，及时跟进澄清负面信息。要帮助受众深刻认识纷繁复杂信息中夹杂的多元化价值观，读懂歪曲中华优秀传统文化传播的"弦外之音"，增强受众鉴别和抵御"非正向"传统文化传播的能力。

二是增强受众的媒介认知能力。算法推荐极具隐蔽性和迷惑性，要加强理论研究和宣传教育，为受众解密算法推荐的技术特征、运行逻辑，阐明算法推荐的工具属性和价值属性，使受众全面、客观地了解舆论信息，提高他们对错误价值观、不良社会思潮精准渗透的警惕性，确保中华优秀传统文化传播的主导地位。

三是提升受众的媒介参与素养。坚持主流文化引领多元文

化，积极利用短视频平台开展学习交流、直播互动、竞赛比拼等实践活动，引导受众创作弘扬主流价值观的优质短视频，在理论与实践结合中提升自身媒介素养。

六、健全保障体系

要加快传统文化传播安全立法，惩治传统文化传播相关违法乱纪现象。完善传统节日纪念等的具体宣传制度，增强仪式活动在中华优秀传统文化传播中的独特功能，在仪式互动中引导提升广大群众的荣誉感、自豪感和归属感。还要为宣传思想部门划拨人才培养、硬件升级、软件开发等方面的专项资金。

首先，完善相关法律法规。加快制定针对互联网企业、网络直播、网络大 V 等的条例规范，明确自媒体平台和自媒体用户的法律责任。一些自媒体平台采用"IP 地址显示功能"就是很好的举措，有利于维护网络秩序。

其次，加大监管力度，严格审核内容。压实自媒体平台的主体责任，加强对自媒体用户的监管，不允许上传和散布违背公序良俗及触碰挑战道德底线与法律红线的内容，从严处理代言错误思潮、编造虚假话题抹黑损毁传统文化、传播低俗内容博眼球、雇佣"水军""带节奏"操纵信息恶意引导舆论的博主和账号，净化网络生态。

第八章

中华优秀传统文化对外传播优化

中华优秀传统文化当代传播工作，是推进新时代思想文化事业的重要对外窗口。这是文化软实力和国际舆论的前沿战场，也是文明交流互鉴的核心实践领域。当前外宣工作处在历史最佳时期，同时也面临着最大压力，我们要全面加强和完善对外传播工作，加强文明交流互鉴，形成同我国综合国力和全球地位相符的国际话语权，提高中华优秀传统文化传播力影响力。

在向世界传播中华优秀传统文化方面，习近平总书记高屋建瓴地指出："以德服人、以文化人是其中很重要的一个方面。"① "话语的背后是思想、是'道'"，而"要把'道'

①习近平：《论党的宣传思想工作》，中央文献出版社，2020年，第94页。

贯通于故事之中，通过引人入胜的方式启人入'道'，通过循循善诱的方式让人悟'道'"①。这些指示是我们在进行对外传播时候的指针。

一、目标：传播中华优秀传统文化的丰富内涵

要讲好中华优秀传统文化故事，应着重注意以下三个方面的内涵：

一是讲中华优秀传统文化的丰富创造。中华民族拥有五千年文明史。中华文明犹如一颗璀璨的宝石。我们不仅有诸子百家的思想交锋，更有诗、书、礼、乐的传承。在几千年的历史长河中，我们的先辈们不断地挖掘、传承和创新，创造出了丰富的文化创新成果。这些创新涵盖了艺术、科学、哲学、宗教等多个领域，展示了中华民族独特的智慧和魅力。对外传播时，我们应该积极地展示我们的文化成果。

---

①《习近平关于社会主义文化建设论述摘编》，中央文献出版社，2017年，第213页。

然而，要真正实现中华优秀传统文化的全球传播，需要更多的创意和新颖的传播方式。故事是具有感染力的传播方式之一。通过讲述中华优秀传统文化中的故事，能够让外国受众更好地理解并接受中华优秀传统文化的精髓。故事可以是历史传说、民间故事、神话等，通过生动的叙述和深入的解读，让外国受众感受到中华优秀传统文化的魅力。随着数字技术的不断发展，中华优秀传统文化的传播方式也可以与时俱进。利用虚拟现实（VR）、增强现实（AR）等技术，可以让外国受众身临其境地感受中华优秀传统文化的魅力。此外，通过社交媒体、短视频等平台，可以轻松地将中华优秀传统文化传播到世界各地。还可以将中华优秀传统文化的元素融入现代艺术中，如舞蹈、音乐、戏剧等，并通过现代科技手段进行创新呈现。这样的方式不仅能够吸引更多年轻人关注，还能够更好地传承和发扬中华优秀传统文化。

二是深入挖掘中华优秀传统文化的精神内涵。展现中华民族独特的哲学、价值观，特别是人文精神，不仅要看到传统中的技艺，更要看到传统中的精神。

三是重视中华优秀文化传统与世界各文明交流互鉴的历史进程，展现中华优秀传统文化宽容、开放、和平的基本特征。中华文化源远流长，其包容性特质自古以来就为其增添了无穷魅力。对外传播中华优秀传统文化，不仅是向世界展示中国深厚的历史底蕴和多彩的文化艺术，更是展现中华优秀传统文化宽容、开放、和平的基本特征，推动世界多元文化的繁荣与发展。

中华优秀传统文化历来倡导包容与和谐，这种包容性体现在对各种思想、观念、文化的接纳与融合。无论是儒家的仁爱、道家的无为，还是佛家的慈悲，都在以一种宽容的态度面对世界的多样性。对外传播中华优秀传统文化，我们要传递这种宽容的精神，尊重并理解其他文化，促进世界文化的交流与互鉴。中华优秀传统文化不断吸收外来文化的精华，丰富自身内涵。对外传播中华优秀传统文化，我们要以开放的心态面对世界，吸收借鉴其他文化的优秀成果，推动中华优秀传统文化的创新与发展。在对外传播中华优秀传统文化的过程中，我们要向世界传递和平的理念，尊重并欣赏不同的文化，促进世界各国的和平共处。我们要让世界看到一个和平、友善的中华文化，为世界的和平与发展贡献力量。总之，中华优秀传统文化对外传播不仅要展示自己的独特魅力和东方神韵，还要注重凸显中华优秀传统文化与世界文明交流互鉴、相互融合的特点。

二、特色：讲好乡村文化故事

农村是我国文化的重要载体，对农村文化的传播是当代我国文化传播的重要创新点。习近平总书记指出："我们要深入挖掘、继承、创新优秀传统乡土文化。要让有形的乡村文化留得住，充分挖掘具有农耕特质、民族特色、地域特点的物质文化遗产，加大对古镇、古村落、古建筑、民族村寨、文物古迹、农业遗迹的保护力度。要让活态的乡土文化传下去，深入挖掘民间艺术、戏曲曲艺、手工技艺、民族服饰、民俗活动等非物质文化遗产。要把保护传承和开发利用有机结合起来，把我国农耕文明优秀遗产和现代文明要素结合起来，赋予新的时代内涵，让中华优秀传统文化生生不息，让我国历史悠久的农耕文明在新时代展现其魅力和风采。"①

在广袤的中国大地上，乡村以其独特的魅力，最大程度地保留了传统习俗和民族习惯，成为中华民族历史底蕴和通用文化的生动展示。这里，传统与现代交织，古老与新生并存，每一寸土地都弥漫着浓厚的历史气息。春种与秋收，都似乎是一种古老的仪式，承载着深厚的历史文化内涵。乡村的民族习惯丰富多彩，从饮食到服饰，从婚丧嫁娶到节庆活动，无不体现出民族特色。尤其是少数民族地区，村民们穿着传统的服饰，吃着自家酿造的美酒和自家种植的粮食，过着简单而充实的生活。这些民族习惯不仅丰富了乡村的生活，也使中华民族的历史底蕴得以充分展现。乡村也是原汁原味文化展示的最佳舞台。在这里，可以看到传统的戏曲表演，听到古老的民间音乐，感受到浓厚的乡土气息。这些文化元素是中华民族通用的一部分，也是中华民族的精神家园。在乡村，每一座古老的建筑、每一块历史的石碑、每一片古老的树林，都述说着过去的故事，是

---

① 习近平：《走中国特色社会主义乡村振兴道路》，载于《论坚持全面深化改革》，中央文献出版社，2018 年，第 406–407 页。

中华民族历史底蕴和通用文化的生动展示。

因此，当代中国文化走向世界，乡村文化是值得关注的沃土。

首先，传播中国农村的历史遗产。中国大量农村地区有着数百年、数千年的建村历史。一代代人在这片土地上生息繁衍，形成了自己独特的历史。无论是曾经出现的历史人物，还是积累的风俗习惯，都独具特色，它真实地展示了中华文化。特别是很多乡村节日、民间非物质文化遗产艺术等，具有很大的传播力。

比如，福建游神在 2024 年春节火爆网络，这项已有数百年历史的民俗活动在 2024 年春节期间吸引了大量粉丝的关注。这支"游神"队伍由福建省民间信仰的神仙组成，他们在春节期间四处奔走，为人们带来祝福。福建游神之所以如此受欢迎，是因为它独特的魅力和文化内涵。游神活动起源于福建先民应对海上危险、自然灾害、流行病、战争等困难时祈求平安的行为，寄托了他们对美好生活的期待。游神时，锣鼓喧天，鞭炮齐鸣，万人空巷。高大威猛的将军们在人群的簇拥下走过街道，场面十分壮观。其中，最著名的游神活动就是福州市市长乐厚福的游神活动。主神武将多达 300 位，堪称福建游神的"天花板"。此外，福建各地的游神之中，也有不少地方神，他们都是当地先祖、先贤。因为他们为大家做了实事，所以被奉为神，代代相传。福建游神不仅是祈福的民俗，更是对神灵所象征的美好品质的追求和尊重。在这支充满活力的游神队伍中，武将们尤为引人注目。五位世子，他们是游神团队的颜值担当，负责帅气出圈。年轻人甚至还专门为这五位世子安排了"人物小传"，让人惊叹传统文化的魅力！

其次，传播中国乡村田园之美。山水之美、田园之美、生态之美，在对外传播中具有独特的意义，美丽的自然景观具有跨界、跨种族的吸引力。在我国很多村庄，其绿水青山样态离不开"不涸泽而渔，不焚林而猎"的传统生态理念。传统村落布局与特色民居中积淀着与自然环境、生活方式适配的工艺和审美，在一些乡村中令人叹服传统文化的保存之好。

最后，传播我国农村的文化价值观。中华文化价值观源于乡村、植根于乡村、留存于乡村，讲忠孝、守正气、求和谐、重自省的民族文化基因在乡村都能找到，并成为一种生活方式。它们在一个个鲜活的普通人身上保留下来，是对外文化传播的生动资料。熟人社会中的亲属关系、宗族关系，尊老爱幼、互相帮助、诚实守信、邻里和睦的美德，当地的方言和具体的"事"和"物"无不体现着传统文化之美和深沉的归属感。

三、工具：优化短视频

随着科技的飞速发展，短视频已成为人们获取信息、分享生活的重要平台。它以短小精悍、传播迅速的特点，为中华优秀传统文化的对外传播提供了创新渠道，重塑了传播路径，再造了传播流程，为中华优秀传统文化传播提供了新的通用语言，有力地提升了中华优秀传统文化的对外传播效果。

（一）路径重塑

短视频为中华优秀传统文化的对外传播提供了新途径。

2023 年 6 月，习近平总书记在文化传承发展座谈会上引用古语：
"中华文明是革故鼎新、辉光日新的文明，静水深流与波澜壮
阔交织。"[①] 新媒体时代，科技的进步为中华优秀传统文化带
来了前所未有的发展机遇。智能传播技术打破了时间与空间的
隔阂，使得中华优秀传统文化得以更广泛地传播和传承，为中
华文化的繁荣注入了新的活力。智能技术以及移动通信技术的
快速发展催生了一批短视频平台，如抖音、快手等，它们已经
成为人们日常生活的"必需品"。这些平台以其独特的魅力，
将人们的生活带入了一个全新的时代。与此同时，短视频平台
的出海策略为中华优秀传统文化的对外传播带来了新的商业机
会，能够让中华优秀传统文化的对外传播更具活力，实现文化
价值与商业价值的共通共融，为中华优秀传统文化的保护与传
承提供新的资源支持，进而促进中华优秀传统文化对外传播的
高质量发展。在这个背景下，中华优秀传统文化如何借助短视
频平台的力量进行出海传播，实现文化价值和经济价值的双重

---

① 习近平：《在文化传承发展座谈会上的讲话》，《求是》，2023
年第 17 期，第 5 页。

提升，成为一个重要的议题。

通过短视频这一现代传播方式，中华优秀传统文化更加直观和生动地展示了自身魅力，从而形成了良好的传播态势。通过选取世界共通母题减少文化折扣，以中华优秀传统文化为叙事突破口，运用情感共鸣打造口碑传播，注重感官体验和审美仪式感，从显性宣传价值转向隐性传播文化等多种途径，让海外受众在潜移默化中感受到中华优秀传统文化的魅力，在不知不觉中对中华优秀传统文化产生认同。在具体做法上，可以从以下角度入手。

首先，选取世界共通母题减少文化折扣。每一个文明都有其独特的文化、历史、价值观和信仰。这些元素交织在一起，形成了独特的文化土壤。在跨文化传播中，如果忽视了这种差异，就可能导致信息被曲解或误解。

文化折扣现象是跨文化传播中的一个常见问题。它指的是由于不同文明间的文化土壤存在巨大差异，导致信息在传播过程中被扭曲或简化，从而降低了信息的真实性和有效性。中华优秀传统文化作为东方文明的重要代表，具有其独特的魅力，吸引了无数海外群体。然而，这种独特性在吸引他们的同时，也带来了一定的挑战——在跨文化传播中面临的阻力，亦即存在文化折扣。因此，选取世界共通的母题，成为中华优秀传统文化对外传播的必经之路。

任何文化产品的内容都与发源地的某种文化密不可分，这种文化对当地民众具有较高的吸引力，因为文化的适应性与接近性。但是对于不熟悉这种文化的民众来说，这种文化的吸引力可能会降低。因为对于不了解当地历史、传统和习俗的人来说，这种文化可能显得陌生和难以理解，或者这种文化的表现形式和内容可能过于独特或复杂，影响了人们对这种文化的兴趣和好奇心。中国作为高语境文化国家之一，在与西方低语境文化国家和地区进行文化与文明交流时，容易因历史、文化、语言等因素导致文化折扣的产生。拥有丰富精神内涵和文化价值的中华优秀传统文化在短视频平台进行传播时，选取世界共通母题作为传播素材，可以使得中国的美食文化、中医理疗、独特景观伴随短视频的快速传播风靡全球。中国的国际形象在近年来经历了显著的改善，其中一个重要因素便是赢得了传播所在地民众对中华优秀传统文化的认同。因此，在进行中华优秀传统文化的对外传播实践中，短视频可以采用所在地群众熟悉度较高的长城、故宫、熊猫等能指符号。这些具有代表性的文化符号在国内外都有广泛的影响力，可以帮助受众更好地了解和认识中华优秀传统文化。比如在短视频中展示长城的壮观景象、历史故事和文化遗产价值，不但可以向受众传递中华优秀传统文化的独特魅力和深厚底蕴，也肯通过短视频吸引更多外国游客来华旅游，从而促进中华优秀传统文化的传播和交流。

其次，以中华优秀传统文化为叙事突破口。

中华优秀传统文化是多元并存、各具特色的文化体系，犹如一幅丰富多彩的画卷，展现出中华民族独特的智慧和魅力，也成为中华优秀传统文化进行短视频对外传播的叙事突破口。许多中华优秀传统文化都可以形成"视觉奇观"。在短视频的镜头记录下，中华优秀传统文化以独特的方式绽放出耀眼的光芒，无论是精美的工艺品、独特的民俗风情，还是深邃的思想理念，都得到了广泛的传播和认同。利用短视频传播中华优秀传统文化，不仅可以提高中华优秀传统文化在海外的影响力，还能使海外受众更加深入地了解和认同我们的文化。

传播若要达到良好的效果，就必须做到以情感人。以情感人，或者说感性叙事是指通过情感共鸣和故事化的方式传递情感和价值观。在短视频创作中，可以通过讲述感人至深的故事、展示美好的瞬间等方式，引发观众的情感共鸣。同时，可以运用镜头语言和音乐等元素，营造出一种温馨、感人的氛围。

利用情感共鸣打造口碑传播，让优秀的短视频二次甚至多次传播，形成传播效果的长尾效应。什么是长尾效应呢？在传统经济学中，人们通常关注那些占据市场主导地位的"头部"，也就是那些占据大部分市场份额的少数几个产品或服务。然而，长尾效应则强调了那些在头部之后的大量的分散的小市场，这些小市场在过去可能被忽视或被视为无足轻重的。随着互联网的发展，长尾效应在传播中的作用越来越重要。互联网的广泛普及导致信息传播速度极快，由此带来的信息超载使得公众的注意力极度分散，因此短视频内容创作者应该更加注重情感表达，用真挚的情感吸引公众的注意力，从而让他们感受中华优秀传统文化的魅力。

再次，要注重感官体验和审美仪式感。

技术的发展不断满足人类对感官体验的需求。高清视频的高分辨率、细腻的色彩以及流畅的动态，使视频创作者能够以前所未有的方式表达他们的创意。对于短视频创作者来说，这不仅提供了广阔的创作空间，更提供了丰富的创作灵感。高保真音频技术则让声音的表现更为真实、细腻。它能够捕捉到微小的声音变化，还原出声音的原始质感，无论是人声、乐器声，还是环境音，都能以最真实的方式呈现出来。高清视频技术与高保真音频技术的普及，为短视频创作者提供了前所未有的创作可能性。他们可以运用这些技术来讲述故事。同时，这些技术的普及也提高了观众的观影体验，使他们能够更好地理解和欣赏短视频作品，为生活带来更多的色彩和乐趣。同时，短视频创作者在进行中华优秀传统文化传播时，还应注重审美，让观众在观看时更具沉浸感和体验感，从而增强中华优秀传统文化的吸引力。

比方以中国传统颜色为例。《红楼梦》第四十回说软烟罗有四种颜色，一种是"雨过天青"，一种是秋香色，一种是松绿，一种是银红。这里的"雨过天青"，如漫雨雾般的窗纱笼罩着公子小姐的情窦心事，那层朦胧的情意都在这"雨过天青"里了。方文山写过"天青色等烟雨，而我在等你"的歌词，也是化用了传统颜色。因为烧汝窑瓷器的时候，天青色对温度和湿度的要求高，一般很难烧制出来。古人无法控制湿度，所以必须要等到下雨天温度和湿度刚刚好的时候才行。但是雨天不可能说有就有，所以瓷匠就要一直等，直到看到远处天空变暗，山雨欲来风满楼的时候，迅速架火起窑开始烧制，出来的颜色才会是天青色。这就是"天青色等烟雨"的由来。所以，在讲中国传统颜色的时候，如果能够借用《红楼梦》和方文山的词，一定会极大地提高传播的审美色彩和吸引力。

（二）流程再造

短视频为中华优秀传统文化传播提供了新的土壤。在传统媒体时代，报纸、广播、电视等大众媒体为公众提供的选择有限，无法根据用户需求实时调整内容。中华优秀传统文化的对外传播因此受到限制，对外传播效率因此要打折扣，难以实现高效沟通。短视频融合人工智能、大数据分析、云计算等技术，为用户提供多元化服务，能最大化满足用户个性化需求。结合短视频时长短、传播快、门槛低、制作容易、内容灵活、参与性强、互动性高等特点，短视频作为一个开放平台，为中华优秀传统文化的对外传播带来了新天地，重塑了中华优秀传统文化传播的格局，有助于推动中华优秀传统文化对外传播的创新发展。

（三）价值共创

短视频能促进中华优秀传统文化传播实现文化价值与商业价值共通共融。随着互联网的快速发展，短视频产业无论在国内外都已经成为一个巨大的市场。然而，就目前来看，传统文化对外传播的短视频产业盈利模式还较为单一，尚未打通盈利的全产业链。目前，短视频产业的盈利主要依赖于广告投放和用户付费。广告商通过在短视频平台上投放广告来获取流量，进而转化为销售。用户付费则主要体现在视频平台的会员服务上，提供更高级的功能和服务。然而，这种盈利模式存在一定的局限性，如广告投放的精准度不高、用户付费意愿有限等。

　　短视频产业链包括内容制作、分发、变现等多个环节，目前尚未形成完整的产业链条，各个环节之间存在割裂。除了广告和付费用户收入外，短视频产业尚未探索出更多的盈利渠道，如数据变现、衍生品开发等。因此迫切需要进行场景延伸等多元变现方式来增加盈利渠道。可以利用短视频平台的流量优势，延伸至其他场景应用中，如游戏、社交、购物等，这样可以拓宽收入来源，并提升用户的黏性和忠诚度。另外还可以用数据变现、版权收入、品牌合作等方式，或者开发一些增值服务，如个性化推荐、高级会员服务等，提高用户观看体验和黏性，扩大收入来源，提高品牌影响力。

　　短视频平台只有在文化价值与商业价值之间取得平衡，才能顺应时代发展潮流，实现高质量发展。中华优秀传统文化可以为短视频平台提供良好的内容资源。人工智能、虚拟数字等新技术不断完善，更广泛地应用于内容生产和传播领域，可进一步推动短视频内容商业化、变现，实现中华优秀传统文化的数字化、可视化、全时空传播。也唯有如此，才能有助于中华优秀传统文化更好地对外传播。

四、伙伴：吸纳多元创作主体

利用短视频推动传统文化对外传播，需要优质、多元的创作主体参与。多元主体可以最大程度实现内容创新，避免简单的重复和模仿，且更可能以更生动、更有趣的方式呈现传统文化。多元创作主体参与还可以激活传播力。尤其与国外优秀的短视频制作团队进行合作，共同挖掘和传播中华优秀传统文化的价值，能拓宽中华优秀传统文化的传播范围，增强国际影响力。

同时，由于国外传播主体相对更了解当地受众心理，因此能够以用户更熟悉、更喜欢的方式满足其多样化需求，从而助推中华优秀传统文化的对外传播。为了实现这一目标，需要通过各种方式吸引和动员更多海外华人通过短视频传播中华优秀传统文化。因此，短视频内容应该尽量符合当地本土文化，符合他们的语言习惯和价值观念。同时，我们也应该注重弘扬中华优秀传统文化的核心价值观，如诚信、尊重、团结等，帮助用户建立文化认同感。

此外，还应鼓励更多海内外中华优秀传统文化爱好者参与传播。比如火爆网络的德国人阿福，2007年首次来到中国交流学习，从此深深爱上了中国文化。2016年起，他与中国妻子莉萍定居上海。平时生活中，阿福喜欢用短视频形式记录和传播中德文化。跟随着阿福的镜头，观众能感知到真实的中国日常生活，内容丰富且视角独特，包含历史、饮食、语言、生活方式与习俗等方面。他所写的《阿福拜见老虎岳父》是根据自己的经历改编的一本书，从德国女婿的角度，讲述中德两国普通家庭相处的真实故事，讲述了他对中华文化的理解和热爱。这本书在德国出版以后非常受欢迎。因此，通过鼓励类似阿福一样的中华优秀传统文化爱好者参与传播，用他们熟悉的方式和语言，向海内外传递中华优秀传统文化，可以展示我国经济和文化日渐增长的影响力，吸引更多的人热爱中华优秀传统文化。

上述列出的各种意见领袖制作的短视频，与我国主流媒体出海进行的创作，会产生不同的效果。主流媒体代表国家的声音，更注重权威，因此表达风格往往比较稳定；意见领袖作为在特定领域具有影响力和话语权的代表，可以利用灵活性和对目标受众的精准定位，深入了解受众的需求和兴趣，制作出更符合其喜好的短视频内容，让中华优秀传统文化的价值观能够精准到达。因此，与以往显性的宣传策略不同，短视频在传播中华优秀传统文化时，会从隐性传播文化的角度出发，以潜移默化的视角展开叙事，能更提升海外受众的认知度。这种参与感可以使海外受众在不知不觉中感受到中华优秀传统文化的魅力，既能促进海外观众对中华优秀传统文化的了解，也完成了中华优秀传统文化的隐性传播。

五、方式：提升对外传播亲和力

要想达到好的对外传播效果，就要充分考虑话语表达和叙事方式的合理搭配。在对外传播过程中，需要充分考虑受众特点和需求，让他们能听得到、听得懂、喜欢听，将海外受众不了解但是应了解的故事讲得更清楚，把容易引起误解的理念说得老幼皆懂，把枯燥的理论和数字转变成可观可感的具体形象，从而提升对外传播的接近性与传播效果。

第一，要把宣传话语方式转变为对话交流方式。由于文化和表达等方面的差异，海外受众偏好对话式的交流方式，对于单向度宣传的方式具有一定的抵触甚至惧怕心理。对话交流方式更符合现代人的沟通习惯。在现代社会，人们更倾向于以一种轻松、自然的方式进行交流，而不是被动地接受信息。对话交流方式可以拉近与受众的距离，增强信任感和互动性。通过与受众进行互动，可以更好地了解他们的需求和关注点，从而有针对性地进行中华优秀传统文化对外传播。同时，对话交流方式也能够更好地了解受众需求，从而更好地展示内容的细节和亮点，让受众也更容易理解和接受。在对话交流过程中，需要注重回应和反馈。当受众提出疑问或表达观点时，需要及时回应并给予合理的解释和解答，并及时调整宣传策略和内容，以更好地满足受众的需求。在对外传播中将宣传话语方式转变为对话交流方式是一种趋势和必然，如此才能提高传播效果。

第二，从宏大叙事转变为微观叙事。长期以来，我们惯于使用宏大叙事的方式，但是在中华优秀传统文化对外传播中，显然微观叙事方式相对来说更受用户欢迎。在推动中华优秀传统文化对外传播的过程中，可选取"微"话题，聚焦"精"内容，讲述"小"故事，提升中华优秀传统文化的对外传播力。

微话题是指一些微观、贴近生活的话题，如美食、旅游、健身、时尚等。这些话题具有普遍性，容易引起受众的共鸣。通过微话题，我们可以深入挖掘生活中的小细节，展现普通人的生活态度和价值观。精内容是指短视频在内容上要精练、有深度，能够引发观众的思考和共鸣。在制作微话题短视频时，我们需要注重细节的呈现和情感的表达，通过真实、生动的内容吸引观众的注意力。同时，我们还要注重内容的创新和独特性，避免同质化竞争。另外需要注重小而巧的表达方式，避免过于冗长和复杂的叙述。通过简洁明了的语言和画面更好地传达信息和情感。同时，小而巧的表达方式也更容易被用户接受和喜爱，触动观众的内心，引发共鸣，提高传播效果。

第三，将独特性叙事转变为共同性叙事。在中国声音越来越响彻世界、海外用户对中华优秀传统文化日益喜爱的背景下，应当根据海外受众特征，聚焦全球共同关注的内容，采用共同性叙事方法传播我们的价值观和文化，以展现中华优秀传统文化与世界各国文明的融合。因为全球化的背景是多元文化共存。随着世界各地的交流日益频繁，人们越来越认识到各种文化的独特性和共性。因此，中华优秀传统文化在对外传播的过程中，应当展现其包容性和多元性，展示其与其他文明相融相生的特点。例如，我们可以从中华优秀传统文化中的诗词、绘画、音乐等艺术形式中，挖掘出和平、和谐、包容等普世价值。这些价值观念跨越国界，能够引起全球人民的共鸣。通过将这些价值观念融入中华优秀传统文化的传播中，我们可以更好地向世界展示中华文化的魅力，并促进各国人民之间的理解和交流。中华优秀传统文化中丰富的历史故事和人物形象，也是我们对外传播的重要内容。这些故事和人物形象反映了中华民族的智慧和勇气，同时也蕴含着丰富的道德观念和人生哲理。通过讲述这些故事，我们可以让世界更好地了解中华文化，增进各国人民之间的友谊。

第四，将自我叙事与他者叙事相结合。由于海外受众与国内受众所处的文化环境不同，仅仅依靠自我叙事容易陷入无人关注的困境，难以达到良好的对外传播效果。因此，在推动中华优秀传统文化在对外传播的过程中，可借助短视频传播主体多元化的优势，鼓励和引导多元主体参与传播，将自我叙事和他者叙事相结合。

在当今的信息时代，短视频已经成为了传播主体多元化的重要载体。随着互联网技术的快速发展，越来越多的个体、企业、机构等主体开始参与到短视频的创作、传播和分享中来。

多元化主体传播的优势是可以做到内容丰富。因为有了多元主体，短视频创作不再只是专业媒体机构的专利，每个人都有可能成为短视频的创作者。多元化的主体提供了丰富的创意和多元化的内容，使短视频的呈现更加生动和多元，而且能够覆盖更广泛的受众群体，增强用户参与感和黏性。同时短视频平台应提供多样化的创作工具和资源，鼓励多元主体参与创作，提供相应的培训和指导，帮助他们掌握短视频制作和传播的技巧和方法，共同打造短视频生态圈，实现资源互补和互利共赢。

多元化主体传播中，自我叙事和他者叙事是相辅相成的。自我叙事强调个体在短视频中的表达和展示，通过自我展示，个体能够增强自信心和影响力。他者叙事则强调对他人的关注和理解，通过关注他人的故事和生活，可以拓宽视野、增强人文关怀和社会责任感。因此要鼓励多元主体关注他人的故事和生活，通过互动了解他人的需求和感受，增强情感共鸣和认同感，促进信息交流和资源共享，提高中华优秀传统文化的传播效果和影响力。

总之，面对百年未有之大变局，中华优秀传统文化迎来走向世界的重要契机。与此同时，中华优秀传统文化对外传播在传播主体、传播内容、传播方式等方面仍然具有较大的提升空间。我们应当从多个方面综合发力，进一步推动中华优秀传统文化传播。

参考文献

［1］本书编写组 . 习近平新时代中国特色社会主义思想概论［M］. 北京：高等教育出版社，2023 年 .

［2］钟瑛 . 新媒体与传统文化传播［M］. 北京：社会科学文献出版社，2023.

［3］彭兰 . 新媒体用户研究：节点化、媒介化、赛博格化的人［M］. 北京：中国人民大学出版社，2020.

［4］新华通讯社课题组 . 习近平新闻舆论思想要论［M］. 北京：新华出版社，2017.

［5］范玉刚 . 习近平文化思想科学体系阐释论纲［J］. 新疆师范大学学报（哲学社会科学版），2024（3）.

［6］王林生．数字时代传统文化经典再IP化的趋势特征与多元动力［J］．民族艺术研究，2024（3）．

［7］徐国亮．习近平文化思想视域下中华优秀传统文化国际传播的四重维度［J］．浙江工商大学学报，2024（3）．

［8］段鹏．数智时代短视频助力中华文明国际传播的内在逻辑与创新路径［J］．中国编辑，2024（2）．

［9］孟达．国潮崛起：B站是如何成为国风文化聚集地的［J］．山西高等学校社会科学学报，2024（2）．

［10］黄森森．提升网络空间主流意识形态凝聚力和引领力的价值意蕴、现实挑战和实践路径［J］．西华师范大学学报（哲学社会科学版），2023（7）．

［11］汪康．网络"泛娱乐化"引发的主流意识形态安全风险及其治理［J］．思想教育研究，2021（3）．

［12］杨章文．网络泛娱乐化：青年主流意识形态的"遮蔽"及其"解蔽"［J］．探索，2020（9）．

［13］张志安．混合情感传播模式：主流媒体短视频内容生产研究：以人民日报抖音号为例［J］．新闻与写作，2019（7）．

［14］刘康.“去中心化—再中心化”传播环境下主流意识形态话语权面临的双重困境及建构路径［J］.中国青年研究，2019（5）.

［15］彭兰.连接与反连接：互联网法则的摇摆［J］.国际新闻界，2019（2）.

［16］秦在东.错误社会思潮对我国主流意识形态安全的威胁及其治理［J］.思想教育研究，2019（1）.

［17］张志安.算法推荐对主流意识形态传播的影响［J］.社会科学战线，2018（10）.

［18］黄蓉生、丁玉峰.习近平红色文化论述的思想政治教育价值探析［J］.思想教育研究，2018（9）.

［19］刘波.习近平新时代文化自信思想的时代意涵与价值意蕴［J］.当代世界与社会主义，2018（2）.

［20］王永贵.文化自信与新时代中国特色社会主义意识形态创新［J］.学海，2017（11）.

［21］赵丽涛.我国主流意识形态网络话语权研究［J］.马克思主义研究，2017（10）.

［22］陈娜.论提升网络意识形态话语权的四重维度［J］.思想理论教育，2017（6）.

［23］赵付科.习近平文化自信观论析［J］.社会主义研究，2016（10）.

［24］饶世权.习近平的人类命运共同体思想及其时代价值［J］.学校党建与思想教育，2016（4）.

［25］严小芳.移动短视频的传播特性和媒体机遇［J］.东南传播，2016（2）.

［26］朱培丽.主流意识形态话语权面临的挑战及其建构［J］.中国特色社会主义研究，2015（12）.

［27］李冉.谁之主流、何以主流：主流意识形态的问题研判与建设愿景［J］.清华大学学报（哲学社会科学版），2014（9）.

［28］石云霞.当代中国文化发展中的意识形态安全问题［J］.中国特色社会主义研究，2012（4）.

［29］杨聪.浅析网络时代的青年亚文化［J］.中国青年政治学院学报，2008（9）.

［30］陈锡喜.当前意识形态工作面临的矛盾和加强意识形态工作思路的探索［J］.毛泽东邓小平理论研究，2005（5）.